A Construção do Sentido na Arquitetura

Coleção Debates
Dirigida por J. Guinsburg

Equipe de Realização – Revisão: José Bonifácio Caldas; Produção: Ricardo W. Neves e Sergio Kon.

j. teixeira coelho netto
A CONSTRUÇÃO DO SENTIDO NA ARQUITETURA

PERSPECTIVA

Dados Internacionais de Catalogação na Publicação (CIP)
(Câmara Brasileira do Livro, SP, Brasil)

Coelho Netto, J. Teixeira
A construção do sentido na arquitetura / J. Teixeira Coelho Netto. – 6. ed. São Paulo : Perspectiva, 2014. – (Debates ; 144 / dirigida por J. Guisburg)

Bibliografia
1ª reimpressão da 6ª edição
ISBN 978-85-273-0103-9

1. Arquitetura 2. Arquitetura - Linguagem I. Guinsburg, J.. II. Título. III. Série.

07-4544   CDD-720.14

Índices para catálogo sistemático:
1. Arquitetura : Construção do sentido : Artes   720.14

6ª edição - 1ª reimpressão
[PPD]

Direitos reservados à

EDITORA PERSPECTIVA LTDA.

Av. Brigadeiro Luís Antônio, 3025
01401-000 São Paulo SP Brasil
Telefax: (11) 3885-8388
www.editoraperspectiva.com.br

2019

SUMÁRIO

Por uma Linguagem da Arquitetura............................... 7

I. O Sentido do Espaço.. 17
   I.1. Uma Definição de Arquitetura........................... 17
   I.2. Semiologia da Arquitetura?.............................. 21
   I.3. Eixos Organizadores do Sentido do Espaço...... 29
      I.3.1. *1º eixo do espaço arquitetural: espaço
      interior x espaço exterior* 29
      I.3.2. *2º eixo: espaço privado x espaço comum* ... 35
      I.3.3. *3º eixo: espaço construído x espaço
      não construído*.. 48
      I.3.4. *4º eixo: espaço artificial x espaço natural* 56
      I.3.5. *5º eixo: espaço amplo x espaço restrito*. 62
      I.3.6. *6º eixo: espaço vertical x espaço
      horizontal* 70
      I.3.7. *7º eixo: espaço geométrico x espaço
      não geométrico*.. 80

Apêndice
1. O Imaginário e o Ideológico 97
2. Três Casos Particulares do Ideológico na Arquitetura 103
   2.1. *O mito "forma e função"* 103
   2.2. *Teoria da produção do espaço: uma formulação* 111
   2.3. *Semantização e dessemantização do espaço* 117

II. O Discurso Estético da Arquitetura 129
   II.1. Discurso Estético? 129
   II.2. O Ritmo 133
   II.3. Um Eixo Estético Englobante 142

III. Desconstrução do Sentido: Antiarquitetura? 157
   III.1. Arquitetura Perecível como Antiarquitetura 157
   III.2. Arquitetura Não Racional, Arquitetura Irracional, Arquitetura Radical 167

Bibliografia 177

POR UMA LINGUAGEM DA ARQUITETURA

Os arquitetos não falam mais: apenas balbuciam coisas sem sentido. Quantas vezes esta advertência tem sido feita recentemente, com estas ou com palavras semelhantes, nesta ou naquela língua? Seria inútil e cansativo proceder a uma contagem: o que parece ter sido também totalmente inútil foi essa mesma admoestação, pois o panorama à nossa volta continua uma algaravia deprimente e insensata.

Se os arquitetos não falam *mais*, supõe-se que alguma vez devam ter-se exprimido de modo não apenas coerente como adequado e atraente. Quando foi isso? Por certo, mesmo na atualidade alguns arquitetos continuam falando conscientemente, continuam a propor um discurso arquitetônico – mas não se consegue citar mais que um Lloyd Wright aqui, um outro mais além (e isto, com reservas). Não parece restar dúvidas, no entanto, que os momentos em que a arquitetura constituiu, globalmente considerada, um discurso significativo pertencem ao passado. O arquiteto grego (o da Antiguidade, bem entendido, pois a arquitetura comum das cidades gregas atuais não passa, lamentavelmente, do

7

nível tristemente baixo de um estilo internacional bastardo de nítidas influências americanas) sabia o que falava, conhecia aquilo com que falava, e o mesmo se pode dizer do arquiteto do gótico, da renascença – mas não, obviamente, dos arquitetos de todos os *neos*, o neogótico, o neoclássico etc. Que se pretende dizer com isso? Que esses homens tinham formulado, ou formulavam, um estoque preciso de conceitos e de signos do qual retiravam os elementos para propor uma arquitetura onde cada elemento se define por si só e, ao mesmo tempo, em relação aos demais, num discurso que responde a determinadas necessidades do homem da época e que este compreende.

É fácil prever, aqui, uma objeção: em suma, os grandes monumentos da história da arquitetura, os grandes nomes, estes têm uma linguagem específica, estes dominam um discurso: mas em volta de cada Notre-Dame de Paris, de cada palácio dos Doges há uma centena de habitações menos ou mais pobres que o cronista não registrou e de cuja linguagem não se fala porque simplesmente não existe. E neste caso se poderia dizer que também nos tempos modernos os arquitetos "falam", pois Mendelsohn tem uma linguagem, Loos tem uma linguagem etc.

Esta objeção, em parte, tem sua razão de ser: sem dúvida, o capital sempre favoreceu o desenvolvimento das artes, e a arquitetura não faz exceção. Por certo é mais fácil criar um código ou falar à perfeição uma certa língua quando o "cliente" tem todo o dinheiro necessário a tais exercícios. Dinheiro e tempo: uma catedral gótica é assunto de gerações. Tudo isto é fato. No entanto, a história da arquitetura não se limita às catedrais ou aos palácios – ou pelo menos não deveria se limitar, embora montanhas e montanhas de volumes sobre história da arquitetura repitam sempre, incansavelmente, os mesmos nomes, as mesmas obras, e estas são sempre Notre-Dame, São Pedro, Ca' d'Oro etc. E se de fato, quando se fala da arquitetura grega, é preciso ressaltar que se está falando da arquitetura dos templos e deixando de mencionar a grande maioria de construções inqualificáveis habitadas pelo povo; que quando se elogia a casa pompeana não se diz, frequentemente, ter sido ela privilégio de bem poucos, por outro lado não é menos verdade que também não se menciona uma série de fatos (de forma alguma exceções ou em minoria) não relacionados com as "grandes obras" e os "grandes arquitetos" e que não deixam de apresentar-se como exemplos de domínio perfeito de uma linguagem precisa, clara e conveniente de arquitetura e urbanismo. Pense-se no discurso produzido por um hábil jogo entre ruas e praças que marca a maioria das cidades italianas, desde uma minúscula San Gimignano que chega até hoje praticamente tal como era nos séculos XIV e XV, até uma moderna Turim (que mal ou bem, e por uma série de razões das quais nem todas são a simples clarividência urbanística, ainda conserva, pelo menos em seu centro, essa rede antiga). Quem assinou essas obras, essas concepções? Michelangelo e Borromini se ocuparam de Roma, mas quem "planejou" San Gimignano? O nome não ficou. E no entanto, muitas dessas cidades não são simples proposições espontâneas: foram até certo ponto planejadas. E não o foram apenas para as grandes famílias, para os doges e papas: o povo era e é seu grande usuário. E uma linguagem está presente nessas obras, uma linguagem urbanística onde o fechado e o aberto se completam, e o previsível com o inesperado, o protegido e o exposto, o privado e o comum, o geométrico e o orgânico, em suma: a unidade e a variedade. Essa é uma linguagem completa, onde o indivíduo faz parte da cidade e a cidade, parte fundamental do indivíduo. O homem vive na cidade e da cidade, e a cidade não deixa de viver do homem. Recentemente falaram mais uma vez, absurdo risível não fosse trágico, em transformar Veneza numa espécie de museu a ser visitado: custou convencer tais "planejadores" que sem os habitantes "normais" da cidade, Veneza se transformaria num simples amontoado de pedras que morreria rapidamente como qualquer ser vivo.

Onde se encontra, hoje, essa linguagem que não é essencialmente *vista* e *apontada* como "grande obra da arquitetura ou da urbanística" mas que é *sentida* fisicamente, emocionalmente, por aqueles que ainda não se deixaram entorpecer totalmente pelo vazio significativo das "cidades" modernas? Em lugar nenhum. Somente naquelas cidades o homem ainda dialoga com o espaço que o circunda: ao final de uma ruela sombria, a enorme surpresa sensorial de um espaço aberto; aqui, uma escada que separa duas paisagens inteiramente distintas – mas identifica-se o todo como um conjunto unitário que o indivíduo nunca conhece inteiramente mas que ele não deixa de reconhecer. E não um conjunto (na verdade, um aglomerado) como os de hoje onde o espaço é inteiramente hostil ao indivíduo (que não pertence a ele), não lhe dando nenhuma informação além do mínimo exigido pelo utilitarismo (o funcionalismo, esse deus da opressão), e que o homem não conhece nem em parte nem no todo, que o homem sempre estranha porque a cidade, a intervalos cada vez menores, é constante e literalmente destruída para abrigar o novo e todo-poderoso hóspede, o automóvel, em novas e luzentes avenidas que levam do nada a lugar nenhum em termos de espaço humano.

Uma linguagem arquitetural não é portanto privilégio das grandes obras ou dos grandes nomes: na verdade mesmo, ela é ainda mais rica quando se manifesta nas obras que passam despercebidas, naquelas para as quais os guias turísticos não apontam porque estão se servindo delas e nem pensam nisso: na malha viária, no jogo dos espaços, das cores. E tampouco essa linguagem é privilégio dos "tempos passados". Se é verdade que a concepção norte-americana de arquitetura e urbanística (que deixou boquiaberto o Le Corbuster de *Quand les cathédrales étaient blanches*, esse selvagem suíço prostrado diante do templo ilusionista de Nova York) é um real cancro extremamente árduo de se combater, tampouco é impossível propor uma verdadeira linguagem para as atuais "aglomerações". Na verdade, aquilo de que estas cidades carecem tremendamente é justamente de uma verdadeira linguagem que substitua o amontoado de frases e signos arquitetônicos sem sentido (porque tanto quem os propõe quanto quem os recebe e utiliza não sabem o que significam, embora sintam seus efeitos) a contribuir unicamente para o caos total.

Uma linguagem precisa. Se a arquitetura é uma arte (e é, efetivamente), é uma arte específica que necessita não de uma linguagem mais ou menos intuitiva com a qual o sujeito da criação artística lida e propõe sua obra, porém cujo significado real ele só vem a descobrir frequentemente *finda* a obra, mas sim de uma linguagem definida tanto quanto possível *de antemão* (pelo menos num de seus elementos, o espacial como se verá a seguir) e que esteja ao alcance simultâneo do criador e do receptor (enquanto nas outras artes, a linguagem produtora é praticamente um segredo do criador, e a ela o receptor só tem acesso *mais tarde* – e eventualmente).

Quais os elementos dessa linguagem? As duas grandes unidades sintagmáticas em que se pode inicialmente decompor a linguagem da arquitetura (e da urbanística) são o discurso primeiro do espaço em si mesmo (o discurso do arranjo espacial) e o discurso estético do espaço (o arranjo espacial sob uma forma artística).

Que se deve considerar como aquilo que constitui o objeto de estudo referente ao primeiro discurso? Em poucas palavras, esse campo será constituído pelas respostas possíveis à indagação básica: afinal, que é o espaço? De fato, o que é o espaço? *Isso* deveria ser um conceito básico, muitos dirão que se trata de noção fundamental, praticamente um postulado indefinível. Uma das respostas mais comuns que se obtém a essa indagação é: espaço é *isso* que nos cerca. Mas o que é *isso*? E por que esse "nos cerca"? Por que esse conceito do homem ilhado no meio de um espaço, que aliás a arquitetura só faz perpetuar? Não seria simplesmente porque não se dispõe *ainda* de uma noção adequada de espaço, o qual, neste caso, é visto como mais um mistério cuja função básica (como a de todos os mistérios) é de alguma forma oprimir o homem, isolá-lo dentro de si mesmo (como o medo do desconhecido), ilhá-lo? Efetivamente, não existe ainda um corpo de conhecimentos orgânicos capaz de reunir uma série de noções fragmentadas sobre o espaço de modo a fornecer-nos um conceito operacional, manipulável. E isto é tanto mais grave para o arquiteto uma vez que se supõe que a arquitetura trabalha o espaço – e grave porque o arquiteto trabalha sobre uma coisa que ele simplesmente não sabe o que é, cujos significados (dos superficiais aos mais profundos) ele desconhece inteiramente! E se chega ao absurdo de se ter uma série de teorias altamente elaboradas sobre o modo de tratar algo que não se sabe definir! Aliás, é necessário mesmo frisar que durante um tempo consideravelmente longo a própria arquitetura não sabia nem mesmo propor-se seu verdadeiro objeto, o espaço, recalcando-o sob fórmulas vazias que partiam justamente do pressuposto de que se sabia, obviamente, o que era o espaço. Os exemplos disto são mais de um. Como Vitrúvio conceituava a arquitetura? Dizendo que arquitetura é ordenamento, disposição, proporção, distribuição. Do quê? Do espaço, por certo – mas isto era dado como algo já estabelecido. Alberti: arquitetura é *voluptas, firmitas, commoditas*. E o espaço? Resposta possível: Está implícito. Não; está escamoteado. Viollet-Le-Duc: arquitetura é a arte de construir. Fórmula até poética, se se quiser, mas novamente se parte do pressuposto de que já se conhece aquilo sobre o que se vai construir ou que se vai construir. Já Perret propunha que a arquitetura é a arte de organizar o espaço: vê-se aqui, pelo menos, a noção de espaço aflorar nitidamente à superfície do pensamento arquitetural, mas o arquiteto ainda vai continuar se preocupando apenas com as noções tradicionais de material, forma, função e com as noções mais recentes produzidas pela sociologia e pela economia política. Naturalmente se poderia dizer que até meados do século XX não se tinha nem mesmo com o que pensar o espaço a não ser em termos tradicionais de geometria, o que efetivamente é verdade, pois algumas disciplinas fundamentais para a abordagem do espaço só irão se firmar nas primeiras décadas de 1900 (como a psicanálise), enquanto outras só irão começar a se estruturar bem mais tarde (como a proxêmica). Já é tempo, no entanto, de trazer a pesquisa do espaço em si para o primeiro plano dos estudos de arquitetura; este estudo não tem a pretensão, ainda que remota, de nem ao menos expor o problema em toda sua extensão (quanto mais resolvê-lo), mas pelo menos tratará de levantar aqueles elementos que são absolutamente indispensáveis para a prática do espaço.

O outro dos discursos a ser aqui abordado é o elaborado pela estética do espaço (de acordo com a fórmula de Perret, o sentido da "organização do espaço" constitui o corpo do primeiro discurso, e o problema da "arte da", o corpo deste discurso segundo). Estética: a simples menção deste termo talvez já seja suficiente para abrir um enorme claro entre os eventuais arquitetos leitores deste trabalho. De fato, os problemas de estética têm a peculiar propriedade de aglutinar contra si adeptos de duas correntes perfeitamente opostas em arquitetura: os tecnocratas e os humanistas (ou a arquitetura do *status quo* e a arquitetura de vanguarda em seu sentido mais amplo, formal e político). Os tecnocratas não veem nenhuma utilidade para a estética ou para a arte; para estes, responsáveis por uma arquitetura bastarda e de pacotilha (os grandes edifícios, as habitações coletivas, as monstruosas avenidas, as vias expressas etc.), arquitetura se resume na "arte" de equacionar adequadamente forças, material, tempo e dinheiro, especialmente estes dois últimos elementos. Para muitos dos que se colocam sob a bandeira da vanguarda (simples rótulo vazio, na maioria das vezes), Estética é igualmente detestável como signo de um ensino arcaico e classista. Com que orgulho de "revolucionário" um estudante de arquitetura de Veneza lhe contará "as lutas que tivemos para acabar com a questão da Estética em arquitetura" – sem se dar a menor conta do espaço, do ambiente e da arquitetura que o cerca em sua própria cidade, por certo um dos arquétipos arquiteturais do homem moderno!

Por um lado, é extremamente fácil saber a causa de tanto ódio à estética por parte destes "vanguardeiros": para eles, os problemas de estética estão indissoluvelmente ligados, senão racionalmente, pelo menos ao nível do sentimento e da "impressão", à cultura clássica, especificamente à cultura renascentista à qual ainda estamos incrivelmente associados, e da qual a esmagadora maioria da arquitetura atual ainda é um exemplo. Para eles (e com razão, pois estes problemas ainda continuam a ser frequentemente colocados em tais termos) Estética diz respeito às categorias do belo e do feio, e às questões de forma e conteúdo, harmonia, composição, equilíbrio, ritmo etc. Mas não percebem uma série de coisas. Primeiro, que se conseguem esquivar-se ao estudo de Estética e da Arte enquanto disciplinas universitárias (e, de fato, a esmagadora maioria das faculdades não concede mais do que 2 ou 3 semestres a tais estudos, e isto quando 5 anos seriam claramente insuficientes), não se furtam aos efeitos dessa estética tradicional, porque em outras disciplinas (Composição etc.) ou nos mais "importantes" e conhecidos manuais de história da arquitetura ou estética da arquitetura eles continuam a ser dirigidos como cordeiros na direção dos problemas de ritmo, harmonia e composição que não passam de rebentos diretos dessa estética. E ainda que por milagre escapem desta influência indireta e disfarçada da estética clássica, não escapam às influências do próprio meio que nos envolve e que é um meio que recende a classicismo, e revelam todas essas influências em seus eventuais trabalhos. O que não é clássico (no sentido de ritmo, harmonia etc.)? Brasília é, La Défense em Paris é. A arquitetura dita "moderna" o é, de modo esmagador. E os poucos que não são ou que não foram continuam a ser encarados como visionários (entenda-se: loucos ou mesmo perigosos – como Mendelsohn, por exemplo).

Segundo, que renegando Estética e Arte renegam a própria essência de sua profissão, dando extrema razão a seus opositores, os engenheiros, dos quais conseguiram arrancar, há não muito tempo, um privilégio realmente indevido. O que foram os grandes arquitetos cujas obras continuam como paradigmas? Antes de mais nada, artistas: o que foi Michelangelo, esse genial urbanista? Essa renegação em si só não teria maiores consequências (renegar, "matar" psicologicamente "o pai", o modelo, é mesmo a alavanca da afirmação e da renovação) se não implicasse uma insuportável separação entre arte e arquitetura. E o que é preciso que se entenda é que a arquitetura é a grande (e talvez realmente a única) forma de expressão artística que se não é conscientemente dedicada às grandes massas é, pelo menos, aquela a que estas têm acesso do modo mais imediato possível. E não se compreende que esses mesmos que mergulham numa luta por uma veiculação mais justa da arte às massas, como frequentemente acontece com o arquiteto, venham negar a arte e a estética em sua própria atividade primeira. É preciso que se diga: o arquiteto distanciado dos problemas de Estética é um manco das duas pernas, e a obra por ele proposta, ainda que pare em pé, vale tanto quanto aquela que desaba, mal se tira a última escora: nada. Não chega nem mesmo a ser um reacionário, ele não existe. É fundamental dominar, portanto, também esta linguagem estética, de modo especial se se pretende *realmente* transcender a linguagem clássica: alguns de seus pontos fundamentais serão, pois, discutidos.

Este estudo propõe-se, assim, examinar as bases de uma linguagem da arquitetura. Os mais exigentes, como os semiólogos, poderão no entanto dizer que não é suficiente falar numa linguagem do espaço, sendo antes necessário *provar* que tal linguagem efetivamente existe e existe enquanto *real* linguagem – uma vez que proliferam os usos indevidos do termo e do conceito de linguagem. Não deixam de ter razão. Contudo, não me interessa demonstrar aqui que essa linguagem do espaço é de fato e rigorosamente uma linguagem, tal como a definem as teorias da linguagem, com suas articulações e unidades combináveis, mas sim considerar o espaço como uma forma genérica de expressão que efetivamente informa o homem (e com o qual os homens se informam, de modo consciente ou não) e como detentor de sentidos passíveis de uma formalização necessária para a operação sobre esse mesmo espaço, para a prática arquitetural.

I. O SENTIDO DO ESPAÇO

I.1. Uma definição de arquitetura

Analisando os resultados (lamentavelmente parcos – mas ele não o ressalta) das primeiras tentativas de uma semiologia da arquitetura, Bruno Zevi[1] observa que a semiologia confirma algo que todos os arquitetos sabem, embora pouquíssimos se deem conta disso de modo claro e constante: aquilo que realmente importa na e orienta uma configuração arquitetural ou urbana é exatamente algo que não vem expressamente indicado, o Espaço.

De fato, se se passar em revista as diferentes e sucessivas definições da arquitetura, se verifica que são necessários mais de 2 000 anos, bem mais, para que se conceitue a arquitetura de modo efetivamente adequado com seu objeto específico. Vitrúvio tece todo um discurso sobre arquitetura sem nem ao menos delimitar de modo aceitável seu domínio: "ciência que deve ser acompanhada por uma grande diversidade de estudos e conhecimentos por meio dos quais ela

---

1. BRUNO ZEVI, *Il linguaggio moderno dell'architettura*. Torino, 1973.

avalia as outras artes que lhe pertencem... O acesso a esta ciência se faz através da prática e da teoria: a prática consiste..." etc. Mas qual disciplina deixa de se encaixar nesse quadro? E mesmo quando Vitrúvio enuncia claramente, em seus termos, aquilo em que consiste a arquitetura não se dá nem um passo na direção de um conceito claro e adequado dessa disciplina e dessa prática: "A arquitetura é composta por: o ordenamento que os gregos denominam *taxis*, a disposição (denominada *diathesis*), a eurritmia, a proporção, a conveniência e a distribuição, que em grego se denomina *economia*[2]".

A pergunta surge de imediato: ordenamento, disposição, distribuição *do quê?* A resposta só pode ser uma e unicamente uma: do Espaço. Por conseguinte, por que não atribuir a esta noção o lugar que ela efetivamente ocupa? Os sucessores de Vitrúvio não repararam esta lacuna, porém: Alberti define arquitetura como *firmitas, commoditas et voluptas*[3] — mas não é este o objeto primeiro da arquitetura! E no entanto, a partir de Alberti as definições da arquitetura se sucedem sempre na mesma trilha do conceito tripartido e totalmente secundário para a preocupação arquitetural. Blondel, por exemplo: *construção, distribuição, decoração*. Para a Society of Historians of Architecture[4]: *venustas, firmitas, utilitas*[5]. Para a Société Centrale des Architectes (no século xix), arquitetura é o belo, o verdadeiro e o útil. Guimard sugere: sentimento, lógica, harmonia. Para Nervi, é função, forma e estrutura. E só mais recentemente o esforço de definição da arquitetura abandonou essa e outras trindades consagradas para adotar um binarismo no entanto não menos mistificador, o famoso "forma X função".

Todos esses termos são por certo bastante "poéticos" (*voluptas, commoditas, venustas*, belo, sentimento, lógica) mas, simultaneamente, duplamente enganosos, primeiro porque não definem a arquitetura e, segundo, porque não definem a si mesmos (que é sentimento, ou que é o belo, ou a comodidade?). Escamoteiam o objeto da discussão e induzem em erro a prática da arquitetura, um erro constante e cada vez

---
2. VITRÚVIO, *Les dix livres d'architecture*. Paris, 1965.
3. Solidez, comodidade, prazer.
4. Ver PH. BOUDON, *Sur l'espace architecturale*. Paris, 1971.
5. Beleza, solidez, utilidade.

mais acentuado, resultante do simples fato que é a ignorância em que se mantém o arquiteto em relação a seu próprio trabalho, seu próprio objeto, seu próprio instrumento.

Se uma maior simplicidade e precisão principia com Viollet-Le-Duc, no século XIX ("arquitetura é a arte de construir"), na verdade o erro só começa a ser corrigido por Lurçat: em seu *Architecture*, de 1929, Lurçat delimita o campo da arquitetura como sendo o dos volumes que se levantam no espaço, que são determinados pelas superfícies que se encontram e cujas proporções exatas são indicantes pela luz. Volume, superfície, espaço e luz são portanto, para Lurçat, os componentes da arquitetura. Mas um conceito definidor não pode ser composto por elementos heterogêneos como esses quatro, alinhados num mesmo plano e sem especificações. E no mesmo ano de 1929, Le Corbusier não colabora, em seu *Précisions*, para o esclarecimento da função da arquitetura (o que aliás é uma constante em seu trabalho): entre frases inteiramente gratuitas como "A arquitetura é um ato de vontade consciente" (que se aplica tanto a um chute numa bola quanto ao ato de abrir uma torneira, passando pela mais variada gama de atividades físicas, metafísicas e patafísicas), Le Corbusier roça o problema apenas quando afirma que arquitetura é "pôr em ordem", faz uma valiosa sugestão quando especifica que se trata de "ordenar" objetos, emite uma proporção ainda mais útil quando diz que se trata de ordenar "funções", mas põe tudo a perder quando afirma que se trata de "ocupar o espaço com edifícios e estradas... criar vasos para abrigar os homens...". Aqui, sua terminologia é nitidamente infeliz, para dizer o mínimo, e uma análise do conteúdo da dimensão verbal do *environment* arquitetural mostra claramente o caráter concentracionário dessa proposição, a ser inteiramente evitada dentro de uma prática arquitetônica efetivamente humanista. Não se trata, de fato, de "ocupar" o espaço: Augusto Perret[6], que não é propriamente uma estrela da arquitetura como Le Corbusier, propõe um conceito inteiramente adequado de arquitetura: "a arte de *organizar* o espaço (o grifo é meu) que se exprime através da construção". Organizar o espaço e, mesmo, mais que isso, *criar* o espaço: assim, efetivamente, se pode descrever a

6. M. ZAHAR, *Auguste Perret*. Paris, 1959.

arquitetura. E se for necessário ser ainda mais preciso, pode-se ressaltar que arquitetura é simplesmente trabalho sobre o Espaço, produção do Espaço[7] – este é o elemento específico da arquitetura, escamoteado em todos estes séculos e ainda hoje.

Mas por que esta ocultação, esta marginalização do Espaço? Embora toda proposição arquitetural releve sempre de uma ideologia, e apesar de toda a arquitetura em sua totalidade poder ser definida como resultante e simultaneamente alimentadora de uma ideologia repressiva (antes de mais nada pela sua própria natureza econômica – mas também em razão de aspectos materiais da construção, como se verá a seguir), será talvez necessário reconhecer que esse abandono do Espaço reveste-se de um caráter "inocente", não intencional, sendo fruto não especificamente de uma má consciência mas apenas de uma consciência inconsciente (claro que não por isso desculpável). Como? Possivelmente sob a influência da geometria euclidiana (e o espaço arquitetural costuma ainda ser identificado com o espaço geométrico, embora tal identificação seja não só desnecessária como não pertinente e mesmo nociva, como se verá), o arquiteto habituou-se a considerar o Espaço como um dado (no sentido primeiro do termo: oferecido) evidente por si só e portanto que não necessita ser demonstrado; um postulado, enfim. E um postulado não se discute, é posto à margem da discussão: é mesmo recalcado – e tanto que o arquiteto nem mesmo se dá mais conta dele. Contudo, a noção de Espaço não é e nunca foi uma noção evidente por si mesma. O que é afinal o Espaço, qual o sentido do elemento sobre o qual a arquitetura trabalha às cegas? Até o século XX o arquiteto não tinha como, na verdade, proceder a esse estudo e pouco mais podia fazer alguém de jogar com o Espaço enquanto noção absoluta e autossuficiente (daí, por exemplo, os lamentáveis enganos, hoje chamados *kitsch*, que foram e continuam a ser as transplantações de estilos ou soluções arquitetônicas: o clássico grego em Washington, um barroco francês no tropical Rio de Janeiro, um vitoriano inglês no árabe Egito etc.). Uma série de disciplinas atuais, no entanto, da antropologia à semiologia, passando por pontos de

---

7. E não "pensamento do Espaço", como sugere Boudon: arquitetura é ação, não apenas reflexão.

intersecção como a proxêmica, pôs em realce não apenas o caráter totalmente relativo da noção de Espaço como a consequente necessidade de estudar e delimitar, praticamente caso por caso, os sentidos específicos do Espaço, conforme o lugar e o tempo. E a arquitetura com isso tem de voltar atrás e repensar (ou mesmo pensar pela primeira vez) o elemento que até aqui foi sua base indiscutida: qual o sentido do Espaço, afinal?

I.2. *Semiologia da arquitetura?*

Definido o objeto da arquitetura como sendo a produção do Espaço, surge a questão de saber de que Espaço se trata, quais suas espécies, suas delimitações, para a seguir ser possível indagar de seus respectivos sentidos (operações estas, aliás, intimamente ligadas). Esta necessidade faz logo pensar num recurso a uma semiologia do espaço arquitetural ou no estabelecimento de tal semiologia. No entanto, embora não reste a menor dúvida quanto ao Espaço constituir uma semiótica (i. e., num sentido mais simples, mais amplo possível e menos rígido: um conjunto analisável de signos), não se recorrerá nem a nenhuma das "semiologias" do espaço já "estabelecidas", nem se tentará aqui propor uma nova. Por que esta recusa se este mesmo trabalho será, ao final – quer queira ou não –, um trabalho de indagação semiológica? A negativa em recorrer a modelos de semiologia do Espaço reside na verificação do quão pouco de útil esses estudos trouxeram até aqui e da previsão probabilística do quase nada que poderão oferecer num futuro imediato ou remoto – pelo menos no que diz respeito ao estabelecimento de uma semiologia do espaço arquitetural de caráter genérico e englobante, passível de ser utilizada como instrumento de trabalho pela maioria dos arquitetos e não apenas como tema de infindáveis discussões teóricas. Com efeito, é totalmente lícito perguntar se existe atualmente um conjunto de regras básicas e comuns capaz de fornecer, aos próprios teóricos do Espaço e aos que dela se servem no trabalho profissional, um campo único de entendimento a respeito daquilo sobre o que se quer falar. Estas pesquisas "semiológicas" constituem um verdadeiro circo onde cada um manipula um conceito particular que provocará "modelos" cuja utilidade consiste unicamente em existir enquanto tais e mais nada.

Em 1974, após um congresso de semiologia em Milão, a considerada revista de semiologia *VS*[8] publicou um número especial com uma "Bibliografia semiótica" abrangendo toda a produção sobre semiologia em uma série de países, uma bibliografia que se confessa ao mesmo tempo ampla e rigorosa. Mas se os critérios de rigor tivessem sido realmente aplicados, ao invés das duzentas e tantas páginas desse número, e de outras em números seguintes, se teria talvez uma meia dúzia de páginas. Os próprios organizadores se dão conta da barafunda conceitual existente no campo – o que não impede que incluam, em sua relação, obras que se dizem "de semiologia" mas cuja semelhança com esta disciplina é realmente mera coincidência.

O que se entende hoje por semiologia do espaço, semiologia da arquitetura, semiologia do espaço arquitetural, o que se admite, mal ou bem (mais mal que bem), como constituintes desses corpos de estudo? Sem muito esforço se consegue enquadrar os trabalhos existentes em alguns poucos tipos bem definidos:

a) trabalhos de inspiração nos métodos linguísticos e que procuram mostrar as possibilidades de uma análise semiológica do espaço com (no máximo) uma tentativa de determinar as aparentemente obrigatórias unidades mínimas significantes e suas combinações em discursos mais amplos;

b) trabalhos sobre sistemas de notação da linguagem arquitetural (na verdade só possíveis depois de se realizar o especificado no item anterior e que, no entanto, frequentemente tentam se propor isoladamente);

c) estudos da "dimensão verbal" da arquitetura (análise do conteúdo da arquitetura através da identificação de seus análogos verbais, visando estabelecer "gramáticas" do espaço urbano ou arquitetura) ou, em termos mais gerais, estudos sobre a "representação" do espaço arquitetural (através de fotos, esquemas, desenhos, quadros etc.);

---

8. *VS*, n. 8/9, direção de Umberto Eco, Milão, Bompiani, maio-dezembro de 1974.

d) análise das relações entre espaço arquitetural e o espaço gráfico-geométrico (um tipo da espécie apontada acima);

e) análise das relações entre espaço mental e espaço físico;

f) estudos sobre modificação do sentido, semantização ou dessemantização do espaço arquitetural localizado (praças, ruas, aposentos etc.);

g) trabalhos sobre os modos de percepção do ambiente construído;

h) estudo dos espaços físicos e sua utilização social;

i) análise da obra de arquitetos individualmente considerados, em termos de morfologia e sintaxe (equivalentes aos antigos "estudos de estilo");

j) e, mesmo, análise dos discursos *sobre* a arquitetura (e não *da* arquitetura).

De imediato se percebe que todos esses itens, menos um, relacionam tipos de obras que nada têm a ver com uma análise semiológica entendida segundo critérios rigorosos. A maioria se diz (ou é recebida como) semiológica simplesmente por tentar uma manipulação do problema do significado em arquitetura ou por falar do espaço arquitetural enquanto signo – o que obviamente não basta se se encara o empreendimento semiológico numa perspectiva rigorosa.

E os trabalhos que seriam mais especificamente semiológicos são, na maioria, totalmente inexpressivos, nada trazendo que possa ser aproveitado numa real semiologia da arquitetura. Vejam-se por exemplo os escritos de Eco e seus discípulos[9]: Eco se indaga sobre o que é código em arquitetura, se arquitetura é língua ou fala, se tem uma, duas ou mais articulações, e termina sugerindo que os elementos de segunda articulação são o ângulo, a linha reta, a curva, o ponto (!) e que os de primeira articulação são o quadrado, o retângulo, as figuras irregulares etc. (!!) De que, mas realmente de que, na mais remota possibilidade, adianta ao teó-

---

9. Ver, por ex., *A estrutura ausente*, *As formas do conteúdo*, *Tratado de semiótica geral*, todos de U. Eco.

rico ou ao profissional saber que um espaço arquitetural se formula através de combinação entre linhas e pontos formando figuras, e que uns são os famosos elementos de segunda articulação e outros, os de primeira articulação? Não serve para nada, rigorosamente para nada a não ser demonstrar a existência de uma doença infantil da semiologia! Isso quando não se trata de trabalhos[10] que dizem o que é uma linguagem, fazem um resumo das teorias de um ou dois autores que seriam aplicáveis a uma semiologia da arquitetura, dizem que um modelo semiológico da arquitetura seria possível por esta ou aquela rápida razão sem no entanto chegar, nem de longe, a propor tal modelo[11]. E mais ainda: é perfei-

10. Por exemplo, o livro de Maria Luisa Scalvini sob o pomposo título *L'architettura come semiotica connotativa* (Milão, 1975) e que não propõe semiótica alguma da arquitetura.

11. Para o leitor não especializado e não interessado nos problemas de semiologia explica-se rapidamente que o propósito de muito semiólogo (em particular os de extração da Europa Ocidental) é o de demonstrar que um determinado conjunto de signos (como os produzidos pelo espaço, ou pela história em quadrinhos, pelo cinema, pelos gestos humanos etc.) constitui-se numa linguagem (um repertório fortemente organizado de signos que se combinam através de normas fixas, como nas línguas naturais: português, francês etc.) que se estrutura essencialmente, conforme a teoria de Hjelmslev (*Prolégomènes à une théorie du langage*, Paris, 1971), através da:

a) existência de dois planos, Expressão e Conteúdo. Ex: o prefixo "229" (Expressão) de uma estação telefônica de Londres equivale ou remete ao Conteúdo "Bayswater" (uma área londrina);

b) existência de dois eixos: Sistema (o suporte, a infraestrutura do texto a ser lido por um receptor: as normas de combinação) e Processo (o próprio texto que é imediatamente lido pelo receptor: uma sequência de gestos do corpo humano, as formas e cores de uma tela etc.) ;

c) propriedade de comutação: relação entre duas unidades de um mesmo plano da linguagem, que está ligada a uma relação entre duas unidades do outro plano. Por exemplo, duas unidades do plano da expressão "687" e "405" (prefixos de estação telefônica) e duas unidades do plano da expressão "Museum" e "Holborn". Entre essas unidades existe um relacionamento tal que se "687" for substituído por "405", "Museum" será substituído por "Holborn";

d) as propriedades da *recção* e *combinação* (relações bem definidas entre as unidade linguísticas). Há *recção* quando uma unidade implica a outra, de modo tal que a unidade implicada é condição necessária para que a unidade que a implica esteja presente. Por exemplo, em latim uma certa preposição implica que o nome a seguir esteja no ablativo (e se este estiver no ablativo, a proposição que o precede deve ser de determinada espécie). Da mesma forma, num determinado semáforo a presença do amarelo implica que o verde ou o vermelho o precedeu ou se lhe seguirá (assim como a presença de um verde ou um vermelho implica que um amarelo o precedeu ou se lhe seguirá). Há *combinação* quando duas unidades se relacionam sem que haja *recção*;

tamente lícito ao arquiteto dizer que não se interessa minimamente pelas possibilidades de seu discurso ser identificado com o modelo proposto pela linguística, que nada lhe diz a proposição segundo a qual uma linha é um fonema ou que todo o discurso arquitetural é realmente um código. O que deve lhe interessar é na verdade o significado de seu modo de organizar o Espaço, a maneira pela qual a arquitetura é normalmente recebida e sentida (ou manipulada) pelo homem e pela sociedade – E aqui se verifica que os trabalhos encaixados nos itens de *c* a *i* acabam por revelar-se na verdade mais úteis para o arquiteto embora nada tenham a ver com os problemas da semiologia propriamente dita. Equivale isto a afirmar que para o arquiteto o problema fundamental está ainda antes em identificar as significações básicas de seu discurso do que em formular modelos de articulação dessas significações. E com isto todo trabalho de indagação do sentido em arquitetura será fundamentalmente pluridisciplinar: a abordagem psicológica, a sociológica e a histórica não podem e não devem ser evitadas. Ostentar o rótulo segregacionista de "Semiologia" é antes ocultar-se sob um nome (ainda) prestigioso e ocultar uma inoperância.

Há ainda uma outra razão para deixar de lado as pesquisas ditas semiológicas, em particular as descritas no item *a* acima: todo estabelecimento de um modelo semiológico tem por resultado (quase) inelutável a fixação do discurso analisado em moldes inelásticos. Apreende-se e imobiliza-se o objeto de estudo. E não é necessário ressaltar os inconvenientes dessa solução: se é perfeitamente possível admiti-la quando se trata de analisar uma produção, uma linguagem já

e) a não conformidade. Numa verdadeira linguagem, pode ocorrer que determinadas unidades de um plano não encontrem uma correspondência no outro plano; numa falsa linguagem, essa correspondência existe sempre: por exemplo, na chamada linguagem do semáforo – que não o é – toda expressão "amarelo" tem um conteúdo "atenção", bem como todo conteúdo "siga" tem uma expressão "verde" etc.

Diz-se ainda que uma linguagem é formada por *signos* (ou monemas: as menores unidades com significado próprio, como qualquer palavra das línguas naturais: "gato") e, mais especialmente, por *figuras* que articulam os signos (ou fonemas, unidades sem significado específico, como *d*, *m*, *p*), conhecidas respectivamente como unidades de primeira articulação e unidades de segunda articulação, de modo tal que os monemas se formam através da articulação dos fonemas (g,a,t,o = gato) e a articulação dos monemas propõe entidades maiores como os sintagmas. Essas sucessivas articulações compõem o discurso que se oferece ao receptor.

imobilizada, já morta (a arquitetura barroca, a gótica, a arquitetura de Le Corbusier) – quando é mesmo instrumento precioso de estudo –, ela é de todo indesejável se se trata de entender uma produção *em processo*, que se faz neste instante, que não só atua ainda e efetivamente como quer se modificar. Neste caso, embora seja impossível deixar de partir do signo (de modo mais particular, do significante), a atenção maior se voltará obrigatoriamente para o Interpretante (noção proposta por Pierce e ainda largamente ignorada pela ensaística europeia, em especial a francesa), i. e., os resultados causados pelo signo na quase-mente que é o Intérprete. Vamos sair portanto do campo estreito da lógica, da linguística, do formalismo dos modelos predeterminados, extravasar os limites de uma metodologia imperialista e seguir um método que se elabora criativamente de acordo com as necessidades do conjunto sígnico a ser abordado. Um processo que retire de onde for conveniente o material necessário; embora procura de um sentido, escavação numa semiótica (pois os signos do Espaço efetivamente propõem uma semiótica), a indagação será aqui praticamente, no sentido expresso, antissemiótica.

O que não significa que a análise será dispersiva, inorgânica, "impressionista". Pelo contrário: é que ela parte igualmente de um outro ponto segundo o qual é necessário estabelecer um quadro geral, amplo, quando se fala de espaço arquitetural. Com efeito, saindo do campo das abordagens semiológicas ou "semiológicas", que ostentam uma excessiva preocupação de ordem e um excessivo reducionismo, proliferam as abordagens de cunho psicológico, sociológico etc. que estudam cada uma aspectos não pouco importantes que no entanto não conseguem se encaixar com os provenientes de pesquisas paralelas na formação de um quadro unitário; essa articulação nunca se produz, e o analista da arquitetura não consegue jamais formar à sua frente um quadro geral de seu objeto, onde cada parte remeteria organicamente a uma outra. Depara-se apenas com uma soma imensa de dados importantes mas que, pela falta de organicidade, resultam inoperantes. Por que não se forma esse quadro global? Pelo fato de não se contar ainda com uma espinha dorsal do espaço arquitetural claramente definida a orientar os trabalhos e delimitar o campo de ação. Esse campo está delimitado, por exemplo, na matemática: todo investigador sabe aqui de onde partir, o que foi feito, o que pode ser feito, discerne claramente os níveis de análise. O mesmo acontece em disciplinas menos rígidas aparentemente, porém de estrutura igualmente definida, como a própria linguística. Mesmo na barafunda que é o campo psicológico, o objeto de estudo já tem seus grandes eixos pelo menos demarcados. Com a arquitetura não é assim. Usando um conceito da teoria da linguagem, o que, afinal, é *pertinente* em arquitetura, o que é efetivamente essencial e se distingue do acessório, o que é básico? Como se viu, Lurçat por exemplo tentou apontar a coluna vertebral, a estrutura básica, imprescindível e suficiente da arquitetura quando a definiu como "volume, superfície, espaço, luz". Se se seguisse sua demonstração, seria possível e necessário assim estudar, por exemplo, como o homem sente tais e tais volumes, como se movimenta em determinadas superfícies, como tal luz se combina com tal volume etc. Mas se sua descrição é uma das primeiras a tentar essa operação de delimitação do essencial em arquitetura, ela ainda é, como se viu, inadequada, incompleta. Não identificando, erroneamente, a arquitetura com o espaço, a questão ainda tem de ser colocada e respondida: o que é pertinente para o espaço arquitetônico?

Este trabalho tentará portanto essa demarcação e a proposição de um esquema definidor do Espaço arquitetural capaz de se apresentar como uma linguagem comum de análise e reflexão. Não será esta uma análise exaustiva, no entanto: se colocará ao nível do mais amplo possível de modo a delimitar apenas (e não esmiuçar), em conformidade com um princípio fundamental do procedimento semiológico, um primeiro texto de análise que seja tão extenso quanto possível (na horizontal), tão abrangente quanto possível, embora permanecendo simples, a partir do qual seja possível aprofundar na vertical a análise até, eventualmente, esgotá-la. Os princípios a reger a teoria exposta nesta seção serão dois, como sugere Hjelmslev: a teoria constituirá um sistema dedutivo puro (no sentido em que é a teoria, e só ela, que permite e determina o cálculo das possibilidades resultantes das premissas que ela coloca) e, segundo: que as premissas enunciadas na teoria são aquelas das quais o teórico sabe por experiência que preenchem as condições necessárias para a análise e que são tão gerais quanto possível de modo a serem aplicáveis a um grande número de dados da experiência.

Enunciados os princípios norteadores, que ponto de vista adotar para a formulação dessas premissas gerais e tão amplas quanto possível? O fornecido pela Teoria da Informação é o adequado. Conforme propõe essa disciplina[12], o processo mais simples do conhecimento humano e, simultaneamente, da manipulação da informação é aquele baseado na oposição binária Sim x Não (1 X 0, aceso X apagado etc.): uma coisa é ela mesma ou seu contrário. Não cabe aqui e agora demonstrar a validade dessa proposição geral, bastará talvez lembrar que efetivamente toda informação recebida por um sujeito é por este entendida, (e *só* é entendida deste modo) *num primeiro instante*, em oposição com aquilo que essa informação exclui, num processo frequentemente inconsciente. Se digo "Hoje é quinta-feira", o sentido dessa informação é percebido inicial e automaticamente pelo receptor como sendo "Hoje não é nenhum outro dia da semana". O primeiro processo é sempre de exclusão por oposição. A proposição "Uma abordagem matemática do objeto estético" significa antes de mais nada que "Não se trata de uma análise *poética* (ou outra que se convencione como oposta à matemática) do *sujeito* estético", ou mesmo "... do sujeito *funcional*" (admitindo-se, apenas para argumentar, que "estético" e "funcional" se opõem). A oposição binária é realmente a mais simples, embora existam sistemas que se desenvolvem a partir de oposições com maior número de elementos (sempre, porém, com base em alguma oposição). Por exemplo, o sistema linguístico: uma palavra só é possível, e só é reconhecível, através de um jogo de posições e oposições: a unidade com significado próprio e íntegro, *gato*, só é reconhecível graças à articulação dos fonemas, *g, a, t, o* que nada significam a não ser que *g* se opõe a *d, b, f* e qualquer outro dos demais 22, o mesmo acontecendo com *a, t, o* (eventualmente, também a posição terá algum valor significativo: o primeiro *s* de *casas* é distinto do segundo *s*, indicando este um valor numérico e o primeiro apenas uma oposição).

O ponto de vista portanto será o de proceder de início a oposições binárias – embora se tenha plena consciência das limitações e inconveniências desse método que, no campo das ciências humanas, conduz inevitavelmente a erros e deformações

---

12. Ver minha *Introdução à Teoria da Informação Estética*, Petrópolis, Vozes, 1974.

quando aplicado sistematicamente e de modo absoluto. Com efeito, a oposição binária (base da lógica aristotélica) é superada (especialmente nas disciplinas humanas, mas não só nelas) pela lógica dialética. Aqui, um enunciado como "A é A e não B" é inteiramente insuficiente e inadequado, pois A nunca é A e nunca é B, A é A em função de B na direção de um C, e assim por diante. Mas para os propósitos declarados deste estudo (generalidade e simplicidade) esse processo deve bastar: ele só intervirá na determinação dos pares de opostos que formarão os eixos organizadores do sentido do Espaço (na elaboração do modelo final, portanto) que, ao serem analisados, recuperarão toda sua complexidade e riqueza. Esse método simplesmente constituirá, como ressaltado, o momento inicial da análise.

Como escolher, agora, os elementos que formarão as oposições?

I.3. *Eixos organizadores do sentido do espaço*

I.3.1. 1º eixo do espaço arquitetural: Espaço Interior X Espaço Exterior

De início, há uma grande tentação no sentido de estabelecer esse quadro delimitatório do Espaço na arquitetura a partir de um dado "imediato" do pensamento arquitetural: quando se pensa *arquitetura*, pensa-se nas três dimensões. Para Focillon[13], por exemplo, não há dúvida alguma que as três dimensões são a própria matéria da arquitetura, sua substância mesma. E não é difícil encontrar, desde os autores clássicos da Antiguidade até os ensaístas mais modernos, uma colocação segundo a qual o que distingue a arquitetura das outras artes é exatamente a manipulação das e nas três dimensões reais – sem que esse raciocínio pareça se dar conta de que igualmente a escultura, por exemplo, é uma operação realizada nas mesmas condições.

Este privilégio das três dimensões não se justifica e deve ser evitado, e não apenas por esta última razão: o que se tem de ressaltar é que ele se baseia num ponto de partida não fundamental para a arquitetura (como se discutirá mais adiante) e que, quando nela aparece, o faz apenas num segundo momento, a saber, no pensamento geométrico. A geometria, a repre-

13. H. FOCILLON, *La vie des formes*. Paris, 1943.

sentação geométrica será mesmo essencial a todo pensamento analítico (e a arquitetura é uma forma desse pensamento), mas deter-se nela e partir dela para definir o espaço arquitetural e a arquitetura é não descer às bases mesmas do pensamento sobre o Espaço que, apenas numa segunda operação, irá requerer ou não a esquematização geométrica. Esta comporá mesmo um dos eixos constituintes da linguagem da arquitetura, mas por si só é insuficiente para defini-la.

O ponto de partida adequado será determinado pela manipulação dos dados fornecidos pela antropologia, e de imediato se constitui o primeiro eixo de oposições da demarcação do espaço arquitetural: *Interior* X *Exterior*. O confronto entre ambos e a passagem de um Espaço Interior para um Espaço Exterior constitui realmente a noção e a operação de manipulação do Espaço mais importante para o homem, desde os primeiros tempos pré-históricos em que a sociedade nem mesmo existia. Quer no plano estritamente material (proteção contra o tempo, as feras e os outros homens) quanto num plano psicológico e social: analisando dados fornecidos pela antropologia e querendo explicar os tabus em termos de psicanálise, Freud[14] insiste justamente no valor dessa consciência precisa de um Espaço Exterior e um Espaço Interior para os povos "primitivos", mesmo aqueles que mal se constituíam num grupo social. Há sempre, nessas "sociedades", uma série de indivíduos que por razões variadas devem manter-se (por norma impositiva incontornável) em determinados Espaços interiores ou exteriores: em certos grupos, o jovem de uma certa idade não penetra no Espaço Interior onde estão a mãe e/ou as irmãs (tabu do incesto: impõe-se o afastamento para evitar a tentação da violação); a mulher menstruada, em outros grupos, é tabu e deve permanecer em determinados Espaços Interiores, afastada dos outros, e o mesmo acontece com o guerreiro que mata um adversário: após o combate, o vencedor ou não pode *entrar* em certos Espaços (às vezes não pode penetrar na área da comunidade, ficando no mato adjacente) ou *sair* de certos Espaços. Idem em relação à figura do próprio rei, quase sempre movendo-se em Espaços Interiores etc. E ainda hoje se poderia apontar resquícios (e não só resquícios) dessa oposição Interior X Exterior: a burocracia, a religião, a

---

14. S. FREUD, *Totem et tabou*. Paris, 1975.

divisão em classe sociais não faz mais do que manifestar-se constantemente através dessa oposição.

Como se coloca a arquitetura com relação a esse eixo? Privilegia ela um ou outro desses dois terminais (i. e., define-se ela por um ou por outro deles) ou, ao contrário, só pode ser entendida como relacionando-se a ambos simultaneamente? De início, é necessário rechaçar a tendência que consiste em considerar essa questão como ingênua e já solucionada e, em particular, a tendência para considerar o Espaço Interior como o domínio da arquitetura e o Espaço Exterior como pertencendo ao urbanismo. Pelo contrário, essa questão sempre esteve e continua em pé na Teoria da Arquitetura.

Existe efetivamente uma tendência acentuada no sentido de atribuir à arquitetura a preocupação primeira e fundamental de lidar com o *Interior* (falando-se aqui não apenas do Interior e Exterior como dois elementos distintos – ex.: rua = exterior; casa = interior – mas como dois aspectos de um mesmo elemento, ex.: a parte interior e a parte exterior de uma e mesma casa). Em considerar que o interior é a real *substância* de uma coisa, de tal modo que quando se pensa em definir a substância da arquitetura só se pode dirigir para o Interior. E essa inclinação não é exclusiva do pensamento arquitetural: está por toda parte. Bachelard[15] analisa longamente essa espécie de valorização intuitiva e onipresente do interior e que seria, segundo ele, uma das características do espírito pré-científico para o qual o interior de uma coisa é sua essência, sua verdade, sua natureza e seu destino últimos. E tenta-se mesmo justificar esse ponto de vista recorrendo-se por vezes a analogias que se querem, estas, científicas: a verdade do homem não estaria em seu interior, em sua "alma", ou em seu inconsciente enfim, em algo que está lá dentro? Na verdade, a analogia não se sustenta, e o pensamento "interiorista" é antes um pensamento místico, um pensamento mágico, um pensamento do misterioso: o interior é, desde o surgimento do homem, a sede de mistérios insondáveis, impenetráveis e mesmo aterrorizantes. Bachelard fala das formas sob as quais esse medo do interior (e por conseguinte sua valorização, ou vice-versa) continua a persistir e se manifestar: a atração receosa pela gaveta, cofres, armários ou, o que interessa para a

---

15. G. BACHELARD, *La poétique de l'espace*. Paris, 1974.

arquitetura, pelos porões das casas (depósito de fantasmas, alucinações e culpas – a literatura policial abunda em "mistérios de porão") e pelos cantos. É possível mesmo encontrar na colocação psicológica de Bachelard a explicação das razões (senão *a* explicação) do enfoque que consiste em considerar a arquitetura como manipulação do Espaço Interior:

... todo canto numa casa, todo canto num quarto, todo espaço reduzido onde gostamos de nos agachar, de nos voltarmos sobre nós mesmos é, para a imaginação, uma solidão, i.e., o germe de um quarto, *o germe de uma casa*[16] (o grifo é meu).

E:

... o canto é um refúgio que nos assegura um primeiro valor do ser: a imobilidade[17].

Conhecemos a sequência: enquanto refúgio, imobilidade, tranquilidade, o canto (i. e., a casa) é a reprodução do primeiro abrigo humano, o útero materno, e por conseguinte a arquitetura, expressão perfeita da imobilidade, se decidiria por uma das pontas do eixo: o Interior. E assim tem sido efetivamente através dos séculos: desde a concepção de uma casa egípcia (não de um templo egípcio) da XX dinastia (aprox. 1198 a.C.), passando pela casa pompeana (79 d.C.), até o período românico (séculos XI, XII) obedeceu-se a essa orientação de manipular por excelência um Espaço Interior concebido como oposição ao Exterior e com o qual se procurava uma proteção necessária – quem vê o muro liso e exterior (anônimo, agressivo) de uma casa pompeana é incapaz de imaginar a tranquilidade, a intimidade (a imobilidade) interior.

Mas, o "misticismo interiorista" já foi identificado, combatido e superado pelo menos na filosofia, depois do longo período de obscurantismo platônico e escolástico: parafraseando Lenin, por exemplo (que não estava fazendo um mero jogo de palavras, embora por certo tinha em mente uma intenção jocosa) é inquestionável que a aparência é essencial, ao mesmo tempo em que o essencial aparece[18]. Fato que começa a se manifestar na arquitetura a partir do Gótico, quando o exterior

16. BACHELARD, p. 30.
17. Idem, p. 131.
18. Em termos de arquitetura, Le Corbusier diria que "o exterior é sempre um outro interior".

de uma catedral é um reflexo *fiel* de seu interior, o que não aconteceu nem no Românico, nem na arquitetura grega e tampouco na construção monumental egípcia, nas quais impera ou uma acentuada diferença entre Exterior e Interior (na primeira) ou mesmo uma disparidade gritante (nas outras duas).

Essa tendência, que vem à tona e simultaneamente atinge o auge no Gótico, ainda se verifica (em grau menor) na Renascença e no Barroco (momentos em que se coloca de maneira nítida o problema da "fachada"), quando começa a declinar para, salvo momentos isolados (alguma *art nouveau*, produções dos grandes nomes como Le Corbusier ou Lloyd Wright com seu exemplar Museu Guggenheim de New York, mais um caso de identidade perfeita entre Exterior e Interior), ser atualmente substituída por uma arquitetura essencialmente "de Exterior", seja o que for que pretendam dizer os adeptos da teoria Forma X Função (ver capítulo seguinte), ou seja, uma arquitetura que se dedica de maneira específica à "fachada" e que coloca em segundo plano o pensamento do interior ou onde, de qualquer forma, inexiste a identificação Exterior--Interior, rompida em privilégio do primeiro.

Como se coloca afinal a arquitetura em relação ao eixo Espaço Exterior X Espaço Interior, qual o Espaço que efetivamente define, aqui, o pensamento arquitetural? É necessário, de início, repelir as proposições dos que se recusam a tomar conhecimento do problema afirmando que é impossível determinar-se, situar-se em relação a esses termos por se tratar de noções relativas, e duplamente relativas. Relativos um em relação ao outro (não pode haver interior sem exterior, diz Boudon[19], e se a arquitetura é interior, como pode continuar a ser arquitetura sem um exterior?) e relativos conforme o observador se coloque no plano da casa ou da cidade: aqui, com efeito, a fachada (elemento exterior da casa) é na verdade elemento interno (inerente) à casa, só podendo ser considerado exterior à casa aquilo que está *afastado* dela, i.e., a praça, a rua, o espaço coletivo.

Essa objeção se supera através da utilização, de início, dos próprios termos de sua colocação: de fato, não há exterior sem interior e vice-versa. Quando comparados um em relação ao outro, se deveria falar antes em complementação: são como as duas faces de uma moeda, e se faltar uma a moeda não pode

19. PH. BOUDON, *Sur l'espace architectural*. Paris, 1971.

existir. Mas a oposição mencionada continua existindo, e só pode ser superada (quer se trate de uma casa, quando se fala em interior enquanto oposto à fachada, quer se trate da oposição casa = interior *versus* não casa (rua etc.) = exterior através de um jogo dialético entre esses aspectos. Não uma dialética concebida enquanto conflito simples, mas enquanto jogo combinatório consistente em partir simultaneamente de uma e outra dessas duas noções para superá-las ao mesmo tempo. Na verdade, se dirá que, seja como for, a arquitetura é o domínio da imobilidade real, e que se vê mal como é possível combiná-la com o jogo dialético, dinâmico por natureza e adequado aos processos humanos: este é um problema de peso, mas pode ser contornado, ou pode ter um começo de solução através de uma concepção que não mais receba esses limites (o do Interior e o do Exterior) como barreiras, marcos definitivos[20]. E com isto se repele também a segunda parte da objeção levantada, referente à relatividade do ponto de vista (casa ou cidade): a oposição dialética também aqui deve ser, com toda evidência, posta em prática e abolidas as barreiras definitivas entre a casa e a cidade. Entenda-se bem: abolir muitas das barreiras, porém não todas elas; não há dúvida nenhuma sobre a validade da afirmação segundo a qual, psicológica e biologicamente, o homem[21] precisa gozar de uma intimidade, de um isolamento dos outros por um certo número de horas diárias, e sob esse aspecto a casa enquanto refúgio é uma necessidade – por outro lado, igualmente não resta dúvida que o estado democrático (supondo que não haja aqui uma contradição nos próprios termos) só pode se implantar quando (não apenas nesse momento, evidentemente: mas aí as condições para essa implantação serão amplamente favoráveis) se abolir o caráter discricionário com que se reveste o uso dos Espaços Interiores e Exteriores, uso que continua a existir ainda sob muitas formas idênticas ou assemelhadas às postas em prática nas sociedades ditas "primitivas" antes mencionadas.

E a respeito da dialética casa x cidade é necessário observar ainda um ponto: até quando se suportará a distinção arquitetura e urbanismo? Conhece-se a história: no começo as faculdades eram só de arquitetura, estudando-se também ur-

---

20. Algumas possibilidades de execução desta alternativa são discutidas mais adiante, na análise dos demais eixos propostos.
21. Particularmente o ocidental médio.

banismo; a seguir transformaram-se em faculdades de arquitetura e urbanismo, formando-se arquitetos de um lado e urbanistas do outro, i.e., especialistas, peritos. Ora, a especialização não se admite aqui, pelo que se acabou de dizer mais acima: a separação dos conhecimentos só pode conduzir à oposição casa x cidade que se tem de evitar a todo custo. A solução? Há já alguns anos Bruno Zevi fala numa nova disciplina (ou, pelo menos, num novo termo), a Urbatetura. O nome é feio, por certo (seguramente foi escolhido por exclusão: algo como "arquibanismo" seria realmente intolerável!), mas a denominação de fato pouco importa: o que interessa mesmo é percorrer todo o caminho de volta até a Renascença e tentar contar de novo com homens que pensem a cidade sem se esquecer que ela é feita de casas, e que proponham casas integradas à malha coletiva – tal como propunha um nome talvez já desconhecido pelos arquitetos, Michelangelo.

I.3.2. 2º eixo: Espaço Privado X Espaço Comum

Tão ou ainda mais importante do que ser capaz de identificar, formular e resolver o problema da oposição Interior X Exterior é conhecer o significado preciso dessas noções, sem o que aliás esse equacionamento é impossível ou inadequado.

Qual o significado que se atribui ao Espaço Interior e ao Espaço Exterior ou, em outras palavras, como se percebe um Espaço Interior e um Espaço Exterior? Os primeiros dados vêm outra vez da antropologia cultural e de disciplinas que dela se alimentam, como a *proxêmica* (definida por Hall[22] como o conjunto das observações e teorias referentes ao uso que o homem faz do espaço enquanto produto cultural específico) e a *ekística* (termo proposto pelo arquiteto grego C. A. Doxiadis para designar o estudo dos modos de estabelecimento humanos).

A primeira noção da importância fundamental que se extrai desses estudos é a que diz respeito aos diferentes usos que se faz de um certo espaço e aos diferentes sentidos que se atribuem a esses espaços conforme a cultura (o grupo social em questão) e a época. Uma mesma disposição espacial, interior ou exterior, pode ser recebida de modos inteiramente distintos (e mesmo opostos) por dois indivíduos de culturas diferentes, noção que se deve ter sempre em mente

22. E. T. HALL, *La dimension cachée*. Paris, 1971.

e que ainda uma vez vem lembrar o fato (pois lamentavelmente parece ser sempre e continuamente necessário fazê-lo) de que cabe ao arquiteto e ao urbanista a pesquisa precisa dos sentidos do espaço reconhecidos em seu país ou cultura *antes* de propor sugestões arquitetônico-urbanísticas sejam quais forem. Por mais óbvia que seja esta observação (e ela o é sob mais de um aspecto), ela não é seguida nem de longe pela maioria dos praticantes de arquitetura, não só os de hoje como os de quase todos os tempos: a cultura itálica propõe uma forma arquitetural no século XVI e dois séculos mais tarde se tenta implantá-la (e se implanta) na França ou nos Estados Unidos; a arquitetura inglesa é transplantada para o Egito; as soluções americanas são seguidas ao pé da letra um pouco por toda parte atualmente – sem que o arquiteto nem ao menos se dê conta das profundas diferenças culturais entre o modelo que está seguindo (por moda, comodismo etc.) e a realidade sobre a qual tentará impor esse modelo (e frequentemente assim age de modo "ingênuo" e sem segundas intenções – se existisse isso em sociologia) provocando normalmente não apenas modificações espúrias e equívocas em sua própria sociedade (no modo de comportamento, nas expressões culturais etc.) como inclusive sérias perturbações psicológicas nos usuários desses espaços. Alguns poucos casos compilados por Hall confirmam amplamente esses contrastes culturais que devem necessariamente ser levados em conta: basta pensar, por exemplo, que na casa ocidental em geral a disposição interna das paredes é fixa, enquanto que na morada japonesa (pelo menos na tradicional) as divisões são sempre semifixas. Ou que normalmente não se ocupa o centro de um aposento interno no ocidente (salvo simbolicamente, com um pequeno objeto, preferindo-se dispor os móveis sobretudo ao longo das paredes), enquanto que no Japão a ocupação de um espaço interno começa justamente pelo centro – razão pela qual a um japonês uma sala ocidental parecerá essencialmente vazia por mais atulhada que esteja.

E as diferenças persistem mesmo considerando-se uma única cultura em épocas distintas: na França até o século XVIII, os cômodos de uma casa não tinham funções absolutamente fixas (isto, naturalmente, nas casas das camadas mais abastadas onde a multiplicidade de aposentos era possível) com a consequência fundamental de que os membros de uma família não podiam isolar-se individualmente, como hoje. Funções como *comer* ou *dormir* não eram exercidas necessariamente no mesmo lugar, continuamente, e as pessoas estranhas à casa atravessavam normalmente "salas de comer" ou "quartos de dormir" (com ou sem ocupantes) sem maiores cerimônias. Isso é visível num caso máximo, o Palácio de Versailles, onde os aposentos se sucedem em linha reta sem corredor que leve de um a outro (que, por conseguinte, isolasse um do outro): para passar do aposento n. 1 ao de n. 3 não há outro caminho a não ser através do, pelo meio do n. 2, a menos que se dê a volta no prédio e se entre pelo outro lado, quando então, para chegar ao mesmo n. 3, é incontornável a travessia do n. 4 etc.! E se é fato que rei e rainha possuíam aposentos especiais, separados de uma ala mais "pública", não é menos verdade que também estes se dispõem da mesma forma, por um lado, e que por outro lado os aposentos "não reais" se sucediam sem ordem funcional, de forma que para se chegar a uma ala de recepção era necessário atravessar uma biblioteca ou mesmo um quarto "de dormir" de algum eventual hóspede real. Aliás, esse caráter de "publicidade" dos aposentos internos de uma morada é magnificamente bem ilustrado por Rosselini em seu filme sobre o Rei-Sol (*A tomada do poder por Luís XIV*) onde se vê (com base em exaustivas pesquisas históricas), por exemplo, a criada de quarto dormindo *efetivamente* no quarto do rei (daí a denominação "criada *de quarto*") que só tinha a separá-lo (e a sua companheira de cama) da criada o tecido circundante do leito, à guisa de cortina; ou o despertar das figuras reais sendo presenciado (*assistido* na extensão do termo, como se assiste a um filme) por pessoas da corte que penetram na câmara e veem as primeiras abluções do rei etc. Será apenas a partir do século XVIII que os cômodos (especialmente os quartos) passarão a se dispor ao longo de um corredor para o qual abrem suas portas, como as casas em relação à rua. Nesse momento efetivamente se pode dizer, com Bachelard, que o canto é o germe de um quarto, que é o germe de uma casa: até essa época, o imaginário da solidão e do recolhimento era essencialmente diferente, e se poderia dizer apenas que o canto era o germe da casa, sem a etapa intermediária. Esse aspecto de "publicidade" no interior de uma casa pode realmente ser constatado em mais de um caso na história da arquitetura: as casas pompeanas, por exemplo, têm "quartos" sem porta alguma, e embora não se tenha de atravessá-los para passar de uma peça a outra (a circulação se faz por uma "ala" exterior aos quartos, normalmente contornando em quadrilátero o jardim central), seus ocupantes ficavam inteiramente expostos à visitação dos estranhos à casa e dos outros membros da família.

Estas constatações impõem que se reconheça um outro eixo fundamental de organização do Espaço na arquitetura, decorrente do primeiro e que deve ter seus sentidos especificamente determinados conforme a cultura e a época: o eixo *Espaço Privado X Espaço Comum* (ou Espaço Individual X Espaço Social, embora a primeira denominação seja mais genérica e portanto deva ser a preferida). Para o arquiteto o problema que se coloca aqui, de modo específico, é o de saber como, numa dada cultura, se percebe um Espaço como sendo Privado e como se percebe um outro Espaço como sendo Comum, i.e., quais os limites de um e outro, até que ponto um espaço pode ser estendido sem se ferir os Espaços Privados, até que ponto estes aceitam e permitem aqueles. Considerando-se por um lado que o homem ocidental, de modo particular, valoriza ainda hoje, em termos genéricos, a possibilidade de recolhimento individual, de isolamento (periódico e delimitado, porém isolamento) e, por outro lado, os desequilíbrios psíquicos resultantes da convivência forçada e da promiscuidade, é fácil compreender a importância desse eixo para a prática da arquitetura. Os exemplos de Hall poderiam ser repetidos à exaustão: o alemão valoriza particularmente o cômodo fechado (por conseguinte, valoriza a porta fechada e, essencialmente, a existência da porta), enquanto o americano se sente à vontade num cômodo aberto ou, pelo menos, não se perturba por estar nessa situação (neste caso, admite a porta aberta ou, essencialmente, a ausência de porta), num conflito que parece ser particularmente sentido nas filiais americanas de companhias alemãs ou nas filiais alemãs de companhias americanas. O alemão necessita da porta fechada para sentir-se à vontade, para se concentrar e produzir enquanto para o americano essa não é uma necessidade imperiosa, do que resulta para o alemão que se movimenta em ambientes de portas abertas a sensação de uma atmosfera "pouco séria" e, para o americano forçado a viver a portas fechadas, a impressão de um alheamento à sua pessoa, de uma esnobação ou mesmo de uma "conspiração" contra ele. Não é difícil agora entender o sucesso ou a aceitação do famoso edifício de escritórios de F. Lloyd Wright, o The Larkin Building (Bufallo, New York, 1904), onde estes "escritórios" não são mais do que mesas que se dispõem à volta de um poço interno na forma de um quadrilátero central, numa sucessão de andares não vedados por paredes, de tal forma que todos se veem não só num mesmo andar (a visão é livre não só para os espaços imediatamente próximos como também para as mesas situadas nos outros lados do quadrilátero) como em todos os andares (três ou quatro), podendo todos serem vistos ao mesmo tempo por um supervisor, se for o caso. Um projeto desse tipo seria repelido de modo natural não só na Alemanha como na Inglaterra – repelido pelo menos pelos usuários dos escritórios; mas, como é um projeto com uma conotação ideologicamente lamentável pois nele o princípio que impera é claramente o da vigilância ("supervisão" é o termo moderno), receberia todo o apoio dos interessados num controle absoluto do rendimento do trabalho humano. Por outro lado, tudo indica que essa disposição não seria em princípio recusada pela cultura italiana, onde os indivíduos não apenas se expõem mais à apreensão visual dos outros como não se importam que estes se apropriem de suas opiniões e pontos de vista: o tom de voz utilizado em qualquer conversa é consideravelmente elevado, exatamente o oposto, por exemplo, do costume inglês e de dominar a voz para que ela alcance apenas e tão somente o interlocutor específico (o *mumbling*, considerado mesmo, na Inglaterra, indício de boa educação).

Poderia igualmente ser recebido como projeto absolutamente "normal" na República Popular da China onde a noção do Espaço Comum predomina amplamente sobre a de Espaço Privado – e de forma muito mais acentuada ainda. Interessante ressaltar a respeito da China – para evidenciar a importância do modo de disposição e uso do Espaço na formação de uma cultura e uma ideologia – um dado normalmente não levado em consideração pelos analistas políticos e cuja inobservância dá margem a uma série de equívocos sérios e lamentáveis: se uma ideologia como a marxista pôde ser posta em prática na China foi porque ela já encontrou nessa cultura um conjunto de elementos de natureza semelhante aos por ela defendidos e contra os quais ela não teve de entrar em conflito. E a maior parte desses elementos estão justamente no modo de organização e utilização do Espaço, possivelmente um dos primeiros traços a determinar o tom geral de uma cultura. Efetivamente, na China sempre foi comum, em todos os tempos anteriores ao aparecimento de Mao, um modo de vida do tipo, em tudo e por tudo, coletivo: desde a organização do trabalho no campo, passando pelos modos de usufruir o tempo livre nas representações teatrais ou nas tavernas, até o costume de dormir em conjunto, membros de uma família ou não, não só no mesmo aposento como sob a mesma coberta, a norma (o "normal") é a vivência num espaço comum (não só na China, aliás, como no Japão e, de modo geral, em todo o Oriente). Não é de se estranhar portanto, pelo contrário, que as comunidades familiares de trabalho ou lazer hoje postas em prática na China tenham sido rapidamente aceitas: elas não se chocavam com a cultura tradicional do povo e, antes, encontraram na prática comunista um reflexo organizado e diretivo desse padrão de comportamento. Já o mesmo não parece ter-se verificado na Rússia, onde o fracasso mais ou menos profundo de certas diretivas comunistas iniciais (como atesta o aparecimento, em larga escala, dos incentivos ao trabalho, com o ressurgimento de distinções econômicas e sociais entre os membros da classe social: um dirigente ganha substancialmente mais do que um operário qualificado e pode possuir "seu" carro; um operário que produz mais recebe mais do que outro e pode traduzir esse mais na posse de objetos cuja função é nitidamente a de individualizar seu possuidor etc., todas elas práticas enfim do chamado mundo ocidental e burguês) indica claramente que o papel do "comum" na sociedade russa pré-revolucionária não era nem de longe o mesmo existente na China anterior à década de 40, e que essa sociedade russa inclinava-se acentuadamente na direção do "privado".

Estas observações sobre o segundo eixo definidor do Espaço arquitetural coloca o arquiteto-urbanista diante de um duplo problema: primeiro, o de determinar as significações que assumem para os membros de uma cultura cada um dos terminais do eixo (Espaço Privado e Espaço Comum) e saber na direção de qual deles "tende" a prática social desse grupo. Em segundo lugar, resolver essa oposição do mesmo modo como se resolve a primeira e todas as que se seguirão, i.e., através de um jogo dialético entre Comum e Privado. Se foi dito mais acima que a manipulação dessa oposição é fundamental para evitar-se, por exemplo, desequilíbrio psíquicos resultantes da falta de espaços íntimos (desequilíbrios que parecem aumentar com a sempre maior explosão demográfica e a resultante diminuição de área e volume para as pessoas), não resta a menor dúvida, como já concluíram disciplinas como a sociologia e a psicologia social, de que as possibilidades de uma sociedade melhor residem justamente na demolição pelo menos parcial dos redutos de individualismo excessivo que ainda regem as relações humanas. Esta modificação qualitativa, no entanto, jamais poderá ser posta em prática através de concepções "abstratas" (como as leis) ou nunca poderá ser levada às últimas consequências se não for seguida por uma modificação análoga no modo de relacionamento dos homens entre si e dos homens com o espaço (na verdade, dos homens entre si através do espaço), o que cabe a práticas como a arquitetura-urbanística. O modo de disposição e de atribuição de significados ao espaço é na verdade um dos elementos da infraestrutura do comportamento humano, e nenhuma modificação efetiva na superestrutura (ideologia etc.) pode ocorrer se não contar com mudança equivalente no primeiro nível.

Contraditoriamente à situação criada pela explosão demográfica, as sociedades humanas em geral continuam a caminhar para o isolamento cada vez maior dos homens entre si (continuam a aspirar ao ideal individualista) e, por conseguinte, para uma contínua oposição entre esses homens, em todos os níveis de suas atividades. O arquiteto tem uma responsabilidade enorme nessa situação. Pense-se por exemplo no que significa a passagem da vida em uma casa para a vida em apartamento. Para os ingênuos, essa modificação seria acompanhada por uma maior intensidade nas trocas humanas, pois se aboliriam os espaços entre as moradas e se aproximariam os indivíduos. Na realidade, no entanto, ocorreu exatamente o contrário, e por uma série de razões não todas elas determinadas: para muitos, a proximidade aparente dos vizinhos (frequentemente nada aparente, pois o vizinho penetra no espaço do outro com o som de seu aparelho de TV, sua vitrola ou mesmo sua voz, através de paredes excessivamente finas e sem isolamento acústico, por indesculpáveis razões de rendimento econômico – e o canal sonoro é justamente aquele pelo qual mais se sente a invasão de um estranho, pois o homem não pode controlá-lo à sua vontade como faz com a visão, por exemplo) leva justamente a procurar um afastamento em relação a eles. Para outros, a simples visão da porta "do outro" já constitui uma barreira que se estabelece automaticamente: a respeito, Bachelard observa que só um indivíduo extremamente lógico dirá que uma maçaneta serve tanto para fechar como para abrir, e isto porque para a maioria das pessoas uma maçaneta "naturalmente" abre muito mais do que fecha, do mesmo modo como uma chave fecha muito mais do que abre; que dizer, neste caso, da visão de uma porta com uma única maçaneta e as várias fechaduras indiciais de medo, insegurança, vontade de proteção e afastamento? O único problema com esta observação de Bachelard (justificada sob mais de um aspecto) é saber as culturas para as quais uma maçaneta mais abre do que fecha. Ele não se interroga especificamente sobre o sentido da visão de uma porta, de interesse particular para o arquiteto: uma porta fechada normalmente detém um inglês, que a recebe como barreira a não ser transposta salvo se expressamente convidado a fazê-lo – mas uma porta fechada (sem estar fechada à chave, obviamente) não constitui de modo nenhum um impedimento para um italiano. Quando um italiano deseja isolar-se (o que de resto não é norma) ele deve girar a chave, ao passo que para um inglês, entre ingleses, basta fechar a porta sem chave: ele sabe que outro inglês não a abrirá sem pré-aviso.

Outras comunidades e culturas ressentem ainda mais – até ao repúdio – a passagem da vida em casas para a vida em apartamentos: por exemplo, as comunidades negras dos bairros pobres em mais de uma cidade americana. Querendo acabar com os *slums*, muitos órgãos administrativos norte-americanos resolveram construir e entregar a essas comunidades enormes blocos de apartamentos, que no entanto logo se transformaram em novos *slums*, como em toda parte aliás, porque os novos moradores simplesmente não tinham (e não têm) como prover para a manutenção desses prédios, e as prefeituras não o fazem igualmente: rapidamente os revestimentos se deterioram, a iluminação desaparece, a sujeira toma conta de *halls* e escadas, e corredores e elevadores (quando funcionam) se transformam em locais prediletos para crimes ou em latrinas. Os grupos atingidos por essas medidas (e "atingidos" é bem o termo) logo recusaram a vida nessas torres infernais, porém não especificamente pela ausência e impossibilidade de manutenção e insegurança dos moradores mas por uma razão mais simples e ainda mais fundamental: recusaram-nos porque tiveram a consciência imediata de que a vida em apartamentos (i. e., em caixas ou gaiolas isoladas e muradas por todos os lados) estava simplesmente matando um modo de vida, sufocando uma cultura, uma maneira de sentir o espaço e os outros, aquela que se desenrola em lugares abertos e na horizontal. Escadas, elevadores, paredes, portas significavam, para eles, e com razão, a destruição de um espírito comunitário, de um sentimento de identificação e de pertencer a um grupo que só poderia se manifestar em espaços como os fornecidos por casas ou sucessão de casas, onde os espaços abertos se multiplicam escondendo as portas fechadas (quando o estão, pois normalmente as portas de entrada da casa ficam abertas, fechando-se apenas a dos cômodos, ao contrário do que se tem no apartamento). Evidentemente, trata-se aqui de um resquício cultural, da memória de uma realidade na verdade nunca sentida (plenamente, pelo menos) pelos membros dessas comunidades mas que ainda se impõe fortemente a eles, a memória de uma aldeia africana remota no tempo onde todos os abrigos se voltavam para uma zona central comum e onde não há nunca portas, fechadas ou abertas.

Todos estes sentidos básicos devem ser pesquisados pelo arquiteto antes da proposição de um projeto, com base especificamente nos dados fornecidos pela antropologia. No entanto, é necessário que o arquiteto tenha aqui noção de um problema grave e suas consequências. A saber: a esmagadora maioria (para não dizer a quase totalidade) dos estudos antropológicos costuma deixar de lado em suas análises (voluntariamente ou por simples desconhecimento) a dimensão socioeconômica das culturas abordadas, o que normalmente provoca mais de uma séria distorção. Vejamos um caso em Hall: relacionando as culturas americana e árabe, Hall procura mostrar como a norma na cultura árabe é a participação efetiva na vida comum (na vida "dos outros"), em oposição à cultura americana onde o "não é da minha (ou da sua) conta" é a regra (o que se confirma, entre outros, por inúmeros casos de estupro e/ou assassinato, praticados nos EUA em corredores ou *halls* de prédios a que todos têm acesso físico e auditivo, sem que ninguém acorra em auxílio da vítima, embora ela grite e peça ajuda por longas dezenas de minutos, como num caso célebre transformado em peça de teatro). E dá como signo exterior dessa maior participação o fato de os árabes se amontoarem nas filas (que, logicamente, deixam de sê-lo) empurrando-se com o corpo e os cotovelos. Para Hall, assim como os limites do "ego" de um europeu estão na sua pele (e na epiderme, à flor da pele literalmente, de tal forma que tocar na pele é tocar no "eu", é confirmar – se se trata de estranhos – uma invasão indesejada do território privado), para os árabes o ego está no "interior" do corpo, de modo que tocar a pele não é invadir o eu. Assim, como a regra é a participação ativa na vida em grupo, nada mais normal do que a existência de aglomerações e empurrões, que não seriam ressentidos como invasões, ao contrário do que acontece com o europeu, o norte-americano e mesmo muitas culturas sul-americanas para as quais essas situações são relativa ou totalmente intoleráveis. No entanto, se é fato que a vida comum é mais intensa no Oriente Médio do que nos EUA, não é verdade que a aglomeração de pessoas nas filas, a disputa por um lugar etc. sejam fatos "naturais" nessa cultura. Uma colocação deste tipo implica que ou Hall nunca visitou um país do Oriente Médio ou Próximo ou não soube identificar e interpretar adequadamente, pela falta de uma análise de natureza sociológica, os fatos presenciados – e a primeira alternativa não é verdadeira.

De fato, vejamos um caso concreto: o Egito. Realmente, desembarcar no Egito e passar pela alfândega ou trocar dinheiro num banco central do Cairo é uma proeza na qual sucumbe mais de um ingênuo europeu ou indivíduo de cultura assemelhada. As filas realmente nunca chegam a se formar, substituídas por aglomerações onde todos se espremem poderosamente (sem reclamações por parte dos árabes, é certo) para chegar ao guichê ou à "autoridade" em questão. Mas antes das "aglomerações" há duas outras realidades: a burocracia e os privilégios (pode a primeira existir sem os segundos, e vice-versa?). E a burocracia é, ali, qualquer coisa de espantosa: desembarcando de um navio, não é possível sair do porto sem passar por uma média de 7 "autoridades", num espaço de tempo não inferior a três horas; para se trocar dinheiro, um estrangeiro não pode dispensar a passagem por outras tantas sete ou oito pessoas, enquanto se desespera numa agência bancária que é uma verdadeira antevisão do caos, com centenas de pessoas (não é figura de retórica) aglomeradas diante de todos os guichês, enquanto outras se sentam em bancos como num hospital ou consultório médico (os bancos funcionam três horas diárias, em média, para o público). A burocracia em parte se explica: ainda em 1975 o Egito era um país praticamente em estado de guerra, e toda forma de controle nos portos de desembarque era necessária; por outro lado, as operações de câmbio são, formalmente, controladas de modo rígido pelo governo, a fim de evitar as evasões. Mas a burocracia se estende muito além desses limites e faz surgir um outro fenômeno que a revolução de Nasser (talvez já em vias de esquecimento?) não conseguiu sufocar: os privilégios. A "fila" para a vistoria na alfândega é continuamente desrespeitada por alguma "autoridade" que acintosamente apresenta ao encarregado alguém que deve ser atendido na hora – e tudo é feito às vistas de todos, o que é pior ainda pois aparentemente não se teme eventuais queixas dos interessados. Da mesma forma, no câmbio há sempre um passaporte extra trazido pelo chefe da seção e que deve ser anotado e atendido na hora, antes dos demais. Nestas circunstâncias, não é de se estranhar que os egípcios se aglomerem diante dos guichês tentando pedir (não raro aos berros) ao funcionário que atenda seu caso em particular, seja qual for sua eventual posição numa fila que, de fato, não serve para nada. E para evitar que o vizinho seja atendido antes, o outro igualmente disputa o lugar com todo o peso de seu corpo, literalmente. Donde, as aglomerações e cotoveladas mencionadas por Hall.

Estes fatos não significam, no entanto, um comportamento espacial e proxêmico (o suposto "gosto" pelas aglomerações) mas sim o reflexo de uma situação social onde inexiste o respeito pelo direito alheio – o que se comprova da observação de uma série de outros fatos. Por exemplo, o absoluto desrespeito dos pedestres por parte dos automobilistas, que investem sobre eles decididamente, sem brecar, fora ou dentro das faixas de segurança; o contínuo desrespeito ao sinal vermelho etc. A realidade é que, apesar da queda de Farouk, há vinte anos, o Egito continua a ser uma terra onde o conflito de classes é intensamente sentido e onde o desrespeito aos direitos do economicamente fraco (e não raro dos economicamente "semelhantes") é uma constante, donde o estado de contínua luta real por um direito qualquer, do qual resultam as aglomerações. Por certo, essa situação se reflete e se implanta na estrutura do comportamento social do egípcio, de tal forma que ele assim tenderá a agir mesmo quando a situação não é, com toda evidência, a mesma: em "território europeu", um egípcio tentará "normalmente" furar uma fila para comprar uma ficha de café ainda que a sua frente estejam apenas três pessoas e que, com toda certeza, ele seria atendido rapidamente. Mas será inteiramente inadequado, a partir da observação deste fato ocorrido em "território europeu", concluir por um comportamento espacial "natural" do egípcio: não se trata de um comportamento derivado de uma estrutura primeira e fundamental de uma dada cultura, mas sim de um comportamento oriundo de uma situação eventual (o desrespeito aos direito sociais) que, mudando, pode mudar aquele comportamento inicial.

Toda investigação antropológica no sentido do espaço só pode ser assim efetivamente operacional se validada e corrigida pela análise histórica do momento social. Mesmo uma afirmação feita mais acima, segundo a qual o comportamento básico e tradicional do chinês é a vida em coletividade, precisa ser corrigida com a anotação de que obviamente era comum encontrar entre as classes abastadas uma prática bem mais acentuada do espaço privado do que nas classes inferiores, resultante obviamente das possibilidades econômicas e políticas de poder gozar de espaços exclusivamente particulares[23]. É fácil observar, de

23. Uma análise histórico-social é aquilo que efetivamente falta a obras como a de Hall, e sob mais de um aspecto. Chamam a atenção, justamente, as observações que Hall faz sobre a "dimensão auditiva" e os modos de percepção do relacionamento através da voz. Hall observa, por exemplo, que sob esse aspecto as culturas árabe e americana opõem-se abertamente na medida em que para o árabe é perfeitamente comum um tom bastante elevado na conversação enquanto que para o americano o que prevalece é um tom acentuadamente baixo (em relação ao árabe), do que surgem problemas para interlocutores dessas culturas uma vez que o árabe tenderia a considerar o tom baixo como ausência de convicção daquele que o emprega ou mesmo como autêntico indício de mentira. Da mesma forma, um inglês falaria bem mais baixo do que um italiano, e assim por diante. No entanto, se tais observações podem ser consideradas como justas em sua essência, elas devem ser corrigidas necessariamente sob pena de cair-se em generalizações amplas demais e apressadas. Assim, não se deve esquecer, por exemplo, as influências exercidas

resto, que esta é uma constante na história de todas as culturas em todos os momentos: o usufruto de um Espaço Privado é consequência de uma situação socioeconômica privilegiada, de tal forma que a preferência pelo Espaço Privado ou pelo Comum não é uma determinante absoluta de determinada cultura mas, sim, decorrência de outros fatores – embora naquelas sociedades onde inexistem desníveis econômicos entre seus componentes, como as sociedades primitivas, a tendência seja para uma utilização bem mais acentuada do Espaço Comum.

E a consequência, para o arquiteto, do problema que é a falta de análises históricas e sociais na determinação dos sentidos da manipulação do espaço pode ser enunciada da seguinte forma: não basta operar a partir de determinadas noções espaciais que se propõem como dados primeiros de uma cultura (i.e., como estruturas fundamentais a serem observadas e respeitadas); é necessário, *a partir* desses dados, *propor* organizações espaciais que funcionem como informadoras e formadoras (educadoras) dos usuários na direção de uma mudança de comportamento que possa ser considerada como aperfeiçoadora das relações inter-humanas e motrizes do pleno desenvolvimento individual (sendo certo que um objetivo não pode ser

até hoje, em seus desdobramentos, por uma obra como O *cortesão*, do renascentista Baltazar Castiglione (e códigos de etiqueta semelhantes). Na Renascença, Castiglione escreveu esse tratado para mostrar aos príncipes, nobres e burgueses como se comportar numa sociedade, segundo ele, educada. Defendeu não só o uso de roupas que tendessem acentuadamente para as cores escuras, se não pretas (tal como se usava na corte de Espanha, considerada como modelo) como inclusive, e especificamente, propôs o tom moderado na conversação e a abolição das risadas, substituídas de preferência pelo sorriso; gritar, falar alto e gargalhar eram manifestações "vulgares" a serem evitadas pelos nobres (pelos "superiores"), capazes de autodomínio e contenção. Da mesma forma, para o inglês "educado" falar alto é índice de má educação, de rompimento de um código de etiqueta – mas é preciso ressaltar que essa prática não é assim recebida por um inglês pertencente às classes econômicas não privilegiadas. O mesmo vale para qualquer outra cultura: o italiano "sofisticado" não faz do falar alto um valor positivo, pelo contrário; idem em relação ao argentino, ao brasileiro e inclusive ao próprio árabe de condição cultural e socioeconômica elevada. Ou seja, há diferenças qualitativas e quantitativas, marcantes dentro de um mesmo grupo social a respeito do comportamento espacial (sonoro, gestual etc.), das quais só se pode dar conta através das análises de correção de cunho histórico, psicossocial e econômico. Isto não significa uma invalidação de proposições como "o árabe fala mais alto que o americano ou se aproxima mais de seus semelhantes, corporalmente" mas apenas que este dado central deve ser necessariamente corrigido.

Seria possível responder a esta objeção dizendo que na verdade todo aquele que foge das coordenadas de um modelo básico (por exemplo, falar alto) está mesmo escapando à própria cultura em que se originou, pertencendo antes a plenamente alcançado sem que o outro também o seja, ao mesmo tempo). Conhecer o significado preciso que uma ordenação espacial assume para determinado grupo social é efetivamente fundamental; porém, fazer dessa observação um molde rigoroso da prática arquitetural é, via de regra, contribuir para a fixação de modos do comportamento a clamar frequentemente por radicais transformações. Daí a necessidade de o arquiteto, informado por uma ideologia, propor novas concepções de utilização desse espaço com base na combinação dialética entre privado e comum: nem o privado deve ser o objeto único das preocupações de arquitetura, nem a imposição do comum deve erigir-se em programa de ação absoluto. É importante, sim, ter em mente a função de formação que só pode ser exercida através do novo e do confronto bipolar que o instaura. E, de qualquer modo, observar que toda modificação geral na sociedade só é efetiva se acompanhada por essas mudanças (atribuição de novos sentidos aos relacionamentos espaciais) ao nível das infraestruturas.

I.3.3.   3º eixo: Espaço Construído X Espaço Não Construído

Assim como o primeiro eixo definidor da estrutura fundamental da linguagem arquitetural (Interior x Exterior) pro-

uma outra cultura de adoção. Neste caso, um árabe que fala baixo ou que mantém uma distância corporal acentuada em relação a terceiros é, de fato, um europeu (e neste caso, o privilegiamento do privado sobre o comum não é mais do que uma valorização do "refúgio", do "interior", do "centro", que procura escapar a um universo ressentido como hostil, perigoso ou indesejável, o universo da "ausência da boa educação" mas também da miséria, do conflito etc.), podendo ser assim descrito segundo os moldes desta segunda cultura. No entanto, nem mesmo esta objeção pode ser aceita nesta formulação porque, de acordo com o que foi observado, esse árabe antes de pertencer à cultura europeia pertence a uma classe socioeconômica que apresenta os mesmos traços gerais em todas as culturas, sendo a identificação assim em termos socioeconômicos e não culturais. As classes socioeconômicas privilegiadas não têm fronteiras; são, no mundo atual, uma classe internacional com interesses e aspirações idênticos. Sob este aspecto, também as classes inferiores, particularmente as que estão realmente na base da pirâmide social, podem apresentar um quadro de comportamento proxêmico de caráter internacionalista, embora sejam justamente, por uma série de razões (menor exposição aos meios de propaganda de massa como a TV etc.), as depositárias dos traços nacionais diferenciadores. Não será inadequado concluir assim que um italiano subtraído do mundo da etiqueta e da "boa educação" fale tão alto quanto um americano ou árabe nas mesmas condições – embora, como se reconheceu, se possa propor que o modo *geral* de comunicação oral do árabe seja feito num tom mais elevado do que o do americano, igualmente considerado em termos genéricos. Apenas é fundamental não perder de vista a análise socioeconômica, evitando-se o privilegiamento dos dados antropológicos puros.

põe de imediato e de modo inelutável o eixo Privado X Comum, da mesma forma este leva à determinação do terceiro eixo da estrutura central dessa linguagem, constituído pelas significações geradas pela oposição entre o *Espaço Construído X Espaço Não Construído*. Estas implicações são na verdade tão intimamente relacionadas e se colocam numa função tão estreita que se torna extremamente difícil discorrer sobre os eixos numa sequência de tópicos ao invés de falar deles numa única unidade de análise – e, de qualquer forma, abordar um é tratar simultaneamente dos anteriores e a eles retornar, sob um outro aspecto.

O fato de a oposição Construído X Não Construído decorrer do eixo Privado X Comum (e, por consequência, do eixo Interior X Exterior) seria na verdade mais evidente desde logo se tivessem sido abordados os dois termos que se pode constatar aqui e ali nos ensaios sobre arquitetura e nas traduções para a dimensão verbal que os indivíduos costumam fazer de suas experiências com o espaço arquitetural: Espaço Ocupado e Espaço Livre. Para mais de uma teoria da arquitetura, como se viu (se é que se pode chamar de teoria as manifestações e reflexões pessoais mais ou menos organizadas dos arquitetos e que constituem, até aqui, a base habitual do pensamento arquitetural), um dos traços definidores da arquitetura é a "ocupação do espaço": é o caso por exemplo, como citado, de Le Corbusier. Por outro lado, é constante e maciça a menção a espaços livres ("enorme espaço livre", "carência de espaços livres") tanto nesses mesmos estudos quanto nos fragmentos das conversações quotidianas. Por que, então, não dar preferência a esta terminologia "consagrada"? E qual seu sentido, em contraposição aos termos aqui escolhidos?

Uma razão já foi dada para o afastamento do conceito de "ocupação": arquitetura é ordenação, disposição do espaço, que pode ou não implicar uma ocupação. Esta não é necessária e, portanto, não é pertinente para a definição de uma linguagem da arquitetura. E, em segundo lugar, o conceito de *ocupação* está demasiadamente ligado, com toda evidência, ao conceito de *privado*, de propriedade particular. *Ocupação*, ainda atualmente, implica uma apropriação exclusiva, i.e., uma posse de exclusão: a ocupação, nesse sentido, é de uns *contra* outros, e o levantamento de paredes (na forma de casas, por exemplo) tem exatamente esse sentido – e embora esse ato tenha seus aspectos positivos (proteção, recolhimento etc.), sua conotação é essencialmente a de privação de outros. E como a ocupação pode ser feita por todos e não apenas por um, o "construído" é, assim, um conceito que supera o "ocupado", ao mesmo tempo em que é mais genérico do que este e o abrange.

Por outro lado, a insistência na utilização de expressões como "Espaço Livre" pode continuar a reforçar a intuição (amplamente difundida hoje, e com razão) de que o resultado da ação arquitetural apresenta sempre aspectos preponderantemente negativos para o homem – intuição aliás que está longe, e muito, de ser infundada. De fato, por que certos espaços são percebidos como "livres", o que equivale a dizer que outros, os construídos, são recebidos como "espaços presos" ou espaços de prisão? Antes de mais nada, é óbvio que quando se fala num "espaço livre", o objeto real desse "livre" é o próprio sujeito falante e não o declarado "espaço". Não há a menor necessidade de demonstrar a validade dessa colocação, ela é visível no comportamento das pessoas que se mostram satisfeitas, despreocupadas (alegres?) quando se movimentam por espaços abertos, alvo primeiro dos momentos de lazer, dos fins de semana. Não há como negar: o "espaço livre" é o lugar da libertação do homem, um espaço de festa. Por certo há um sentimento de que o espaço ocupado, construído, é um lugar onde também o próprio espaço é aprisionado, mas com o aprisionamento deste continente o que é efetivamente atingido é seu conteúdo, o homem.

A arquitetura como prisão, o espaço construído como universo concentracionário? É indubitável que ele é assim percebido atualmente (mais que em outras épocas?) e, mesmo, que ele é praticado com esse objetivo, frequentemente. O conceito de "prisão" inerente à noção de espaço construído é de fato um dos próprios conceitos institucionais do espaço, o lado oposto, a oposição ao conceito de "proteção, abrigo". O útero materno é um abrigo – mas é ao mesmo tempo uma cerca a impedir a autonomia, a livre movimentação (o livre arbítrio, se se quiser) do indivíduo em formação, que dele tem necessariamente de fugir. Diz-se normalmente que o parto é a primeira violência cometida contra o indivíduo, o que pode não ser discutível, mas ao mesmo tempo se deveria ressaltar que o parto é igualmente a necessária libertação desse indivíduo. Como todo ato de libertação – física ou psíquica – o parto é necessariamente doloroso e traumático para o próprio indivíduo, e se ele pudesse ter plena consciência dessa sua "saída" ou "emergência" poderia por certo oscilar diante do caminho a tomar, como sugere a psicologia: permanecer – mudar, abrigar-se – expor-se. O conflito dialético é manifesto e se reflete inteiramente na concepção da casa, da construção do espaço construído: proteção – prisão. Aliás, o isolamento dos que não se submetem às normas da sociedade não é justificado exatamente nesses mesmos termos? A prisão do indivíduo num espaço construído (e reduzido: nunca se manteve presos os indivíduos em espaços amplos ou abertos) é apresentada não apenas como medida necessária à proteção da sociedade mas igualmente como medida de *proteção do próprio criminoso*, protegido de si próprio e do mundo que o chama para o crime! A prisão como proteção: *slogan* hipócrita que custa a morrer.

Resta o fato de que todo espaço construído, quer o indivíduo se coloque nele contra sua vontade ou pela sua "livre escolha" é recebido como prisão, opressão. É de estranhar, com as áreas permitidas aos indivíduos pelas "soluções" arquitetônicas de hoje? De forma alguma. E não se pode aceitar, para essas "soluções", as atenuantes da chamada explosão demográfica, que existe mas ocupa uma posição totalmente secundária diante da especulação imobiliária e da ignorância "simples", por parte dos arquitetos, das necessidades espaciais do homem. Com consequências desastrosas. Diz-se, por exemplo, que o francês médio (especialmente o parisiense) conduz sua vida social nos "cafés": ele "recebe" no *café*. O espaço de que dispõe em sua "casa", mínimo, deve ser compartilhado com os membros da família e praticamente não pode ser estendido a terceiros. Atualmente, 1975, um apartamento de aproximadamente 50 m² (um *deux-pièces*: cozinha, banheiro, quarto e sala) é considerado moradia de classe média relativamente folgada (aluguel entre 2.000 e 2.500 cruzeiros, fora água, luz, telefone) e deve normalmente abrigar uma família de quatro membros, numa área média por indivíduo claramente insatisfatória (ainda mais se se considerar que as áreas do banheiro, da cozinha e de um eventual corredor não podem ser consideradas como áreas de vivência). Por conseguinte, o francês sai para a rua e o apartamento é tido como uma espécie de último recurso, como uma necessidade imperiosa à qual é forçoso submeter-se, e não como um centro de abrigo, proteção e aconchego onde é possível sentir-se bem.

Se se diz normalmente que o francês "recebe" no café é porque de certa forma ele tem a "sorte" de, na França, a prática do café ser uma instituição solidamente firmada. E se de outros povos não se diz que também "recebem" nos cafés é simplesmente porque não existem esses lugares onde é possível conversar sentado, com uma xícara de café apenas, por um par de horas – mas nem por isso deixam de sentir suas "casas" como gaiolas sufocantes[24].

Como superar esta situação? A observância do jogo constante entre espaços construídos e espaços não construídos é sem dúvida fundamental. Ao nível do Espaço Interior Privado, por exemplo, é fácil constatar, através da história da arquitetura, que essa oposição é um dos valores mais constantes: a casa egípcia da história pré-cristã, mas também a casa pompeana e a renascentista etc. assim se organizam. Ao invés da concepção do apartamento (um espaço inteiramente cercado, totalmente construído), um confronto entre o aberto e o fechado, não porém no sentido de *casa + quintal* (casa na frente e o quintal no espaço posterior, como unidades separadas uma da outra), mas no sentido de um espaço construído envolvendo um espaço não construído (que por conseguinte *penetra* no espaço construído do qual não se isola e é antes uma continuação) como na casa pompeana ou nas moradas renascentistas de Veneza – ou mesmo um espaço não construído envolvendo um espaço construído que por sua vez envolve outro espaço não construído. Nestas condições, não há prisão: o corpo e a imaginação do homem se expandem elasticamente.

À objeção habitual: "é necessário ser realista e admitir que nas condições atuais (densidade demográfica, custo etc.)

24. Se é possível afirmar que a situação criada por essa prática arquitetural (ou, na verdade, arquiteto-financeira) não visa especificamente aprisionar e isolar os indivíduos, o mesmo não se pode dizer a respeito de certas soluções arquitetônicas de massa, praticadas em escala internacional, através das quais se exterminam *slums, bidonvilles*, favelas e se propõem aos interessados (que outra escolha não têm) "conjuntos habitacionais" a se constituir em óbvios universos concentracionários de afastamento e isolamento desses grupos das áreas que antes ocupavam e dos núcleos sociais em que estavam instalados.

essas estruturas propostas são impossíveis", responde-se rejeitando, primeiramente, a noção de *realista* enquanto sinônimo de *conformista* (como é normalmente entendido) e, em segundo lugar, dizendo que a construção em andares, onde ela se revela realmente inevitável, não é absolutamente incompatível com essa oposição, como já começam a demonstrar alguns projetos da vanguarda arquitetural europeia[25], infelizmente ainda tímidos e destinados a uma pequena minoria: a construção na forma de pirâmide em degraus ou patamares abertos (formando enormes balcões suspensos) não é realmente o sistema que mais lucros oferece ao construtor, pois o espaço é efetivamente "desperdiçado" – mas aceita inteiramente a coexistência de espaços construídos e não construídos numa escala admissível para as necessidades humanas.

E assim como se fala num eixo Espaço Construído-Espaço Não Construído ao nível do Espaço Interior Privado (observando-se que as mesmas colocações acima valem para um Espaço Interior Comum: edifícios públicos, industriais, escolares etc.), é possível discorrer sobre a importância dessa oposição para o próprio Espaço Exterior, o Espaço Comum e, num segundo momento, para o Espaço Exterior Comum. E aqui se verificará que o modelo de estrutura do espaço segundo o eixo Espaço Construído-Espaço Não Construído varia acentuadamente através dos momentos históricos, ao contrário do que aconteceu durante longo tempo com o nível do Espaço Interior Privado: é que neste a orientação é dada essencialmente pelas necessidades biológicas e psíquicas fundamentais do homem, enquanto que em relação ao Espaço Comum o que se segue são antes diretrizes de ordem sociológica (distinções em virtude do conflito de classes etc.), por conseguinte mais sujeitas a modificações. Por exemplo, nas sociedades egípcias arcaicas e na Grécia antiga, o lugar do povo, do coletivo, é sempre do lado de *fora*, o exterior. No interior de um templo egípcio só se admitiam os membros da corte (ministros, oficiais), os sacerdotes e o faraó, e dentro dos templos há mesmo zonas nas quais os nobres não penetram e outras nas quais nem mesmo os sacerdotes, reservadas estas ao faraó (representante do

---

25. Ver, mais adiante, a seção reservada às proposições de Hundertwasser (cap. 3).

deus na terra) e eventualmente ao sumo-sacerdote. De igual modo, o povo grego permanecia *fora* dos ofícios religiosos, praticados dentro dos templos. O lugar do coletivo era assim o exterior não construído. Já em Roma ocorre uma inversão significativa: o lugar do coletivo passa a ser um lugar construído. A *basílica* era um edifício onde se reuniam os cidadãos romanos (por certo, nem todos os habitantes da cidade eram cidadãos do império) para discutir, conversar, encontrar-se. Mais tarde a religião cristã irá oficiar seus cultos dentro dessas basílicas, cujo nome adota para designar seus templos, e o povo é (ou permanece) admitido dentro do "construído", numa passagem que irá persistir através das épocas seguintes: a catedral românica (por volta do primeiro milênio d.C.) é por excelência o lugar de reunião pública, e o mesmo se dá na catedral gótica, a partir de 1100 d.C. aproximadamente. E as ágoras gregas e praças romanas só irão, a rigor, reaparecer com a Renascença: a Idade Média é essencialmente o domínio do fechado, do cercado, do estreito (o estado de insegurança constante das populações, expostas a sucessivas invasões, explica essa disposição), numa situação onde espaços como os ocupados pelas feiras (espaços relativamente amplos dentro da escala dessas cidades-fortalezas) não podem ser considerados, rigorosamente, como abertos: vejam-se as cidades de estrutura medieval que ainda se mantêm utilizáveis, como San Gimignano na Itália. Só a partir da Renascença o espaço aberto será novamente proposto em toda sua extensão, sendo agora ocupado por um sujeito coletivo, por um povo que não mais é obrigado a ficar de fora (pelo menos os templos lhe são abertos) nem constrangido a se fechar atrás de muros.

Estas constatações interessam na medida em que se indaga da validade, por exemplo, das afirmações de um Giedeon em seu *Space, Time and Architecture* (1947), segundo o qual a arquitetura grega era uma arquitetura concebida a partir do *exterior*, enquanto a romana o era a partir do *interior* e a do nosso tempo procuraria um compromisso entre uma e outra. Suas proposições parecem partir de uma ilusão, a mesma que a classe dirigente grega impunha ao povo grego: este de fato ficava do lado de fora do templo, contemplando-o, mas o verdadeiro objetivo dessa arquitetura era a proteção do *interior*, do templo, sua ocultação dos olhos do povo e, por conseguinte, a *preservação* desse espaço, onde se refletia o centro decisório da cidade (o mito da democracia grega já foi suficientemente demolido para se insistir nesse ponto). Só se pode falar de uma arquitetura grega feita a partir do exterior (e do espaço comum, por conseguinte) se se adota o ponto de vista dessa ilusão: o exterior de templos, palácios, era apenas a casca, a isca que se entregava ao povo. O mesmo acontecia com o templo e a arquitetura egípcia em geral: o faraó se recolhia à parte central do templo e emergia para o povo dizendo que o deus o havia confirmado em seus poderes terrestres e que tais eram as palavras de ordem: mais uma vez o que prevalece é uma arquitetura de exclusão; o espaço comum, o espaço do sujeito coletivo é o do lado *de fora*, o espaço não construído.

Por outro lado, se se pode aceitar sem maiores objeções a tese de que a arquitetura é efetivamente uma arquitetura elaborada a partir do interior, que se volta para o interior tanto porém quanto para o exterior (como a gótica, que sob este aspecto atinge realmente um grau de plena identidade entre os dois planos, Exterior e Interior – pelo menos na catedral) e que visa proporcionar não só uma experiência do Espaço Privado Construído como também do Espaço Comum Construído, não é tão tranquila a afirmação de que a arquitetura de hoje procura um equilíbrio entre interior e exterior, particularmente no que diz respeito ao eixo construído-não construído e ao Espaço Comum. De modo cada vez mais acentuado, o que se constata é uma proposição maciça de Espaços Comuns Construídos, especialmente sob a forma de estádios ou clubes esportivos. A praça como experiência de livres encontros humanos é de uma inexistência praticamente total, especialmente nas cidades "modernas". Ela não existe pelo menos no sentido de praça enquanto lugar aberto ao homem para um momento de tranquilidade, como a Praça São Marcos em Veneza ou a agora grega. E mesmo nas cidades menos modernas a praça está em desaparecimento. A razão desse procedimento estará sem dúvida não apenas na destruição das cidades para abrir-se caminho ao carro mas, especialmente, na tendência cada vez mais acentuada para o confinamento, para o construído – para o construído enquanto cerceamento. É muito significativo, por exemplo, que quando dos tumultos e choques de rua em Paris, 1968, se tenha falado, com um certo horror em nada disfarçado, em "tomada das ruas pelo povo", numa tentativa de reedição da Comuna de 1871. Por que "tomada das ruas pelo povo" se esse povo não estivesse justamente sendo afastado das ruas e praças, se seus momentos de lazer não fossem coordenados e orientados para lugares fechados, delimitados, onde inclusive não se pode falar numa atividade comum, mas sim numa multiplicidade de atividade particulares que não chegam a unir-se num todo?

Não, não parece haver, em nossa época, o adequado jogo entre Espaços Comuns e Espaços Não Construídos; mas sem aprofundar a análise do significado desse procedimento (o que se fará mais adiante), interessa aqui, de imediato, ressaltar a existência de um quarto eixo de significações referente à linguagem espacial, proposto pela própria oposição Construído– Não Construído: o eixo *Espaço Artificial* X *Espaço Natural*.

I.3.4   4º eixo: Espaço Artificial x Espaço Natural

Oposição constante, sempre presente no pensamento arquitetural, este eixo assume uma importância que a esta altura, com a intensidade das vozes que se fazem ouvir em favor da ecologia, não é necessário evidenciar. A análise se limitará assim a alguns aspectos sob os quais é esse eixo particularmente importante para o projeto arquitetural, especialmente quando levado em consideração sob o aspecto da oposição Espaço Construído – Espaço Não Construído.

De início, uma possível objeção deve ser afastada: se Arquitetura é *construção* de um Espaço (i.e., elaboração e proposição feitas *pelo homem*, por conseguinte um produto não existente na natureza), não seria por um lado tautológico falar num espaço arquitetural artificial e, por outro lado, inadequado e contraditório propor a noção de espaço arquitetural natural?

Não: primeiro porque antes de ser construção de um espaço, a arquitetura é uma disposição, organização de um espaço, que pode tanto ser um espaço por ela criado como um espaço que a ela se oferece como dado inicial e já pronto. Que se pense na excepcional Casa da Cascata (*Fallingwaters*) de F. L. Wright: pelo fato de as rochas se disporem com as paredes, ou de a água praticamente atravessar a casa, deixa esse edifício de ser uma obra, isto é, uma proposta, uma construção de Lloyd Wright? Ou são esses fatos tais que invalidam a existência, aí, de uma operação arquitetônica? Por certo não. Lloyd Wright dispôs um espaço artificialmente criado com um espaço que se lhe oferecia de imediato, com um *dado*: fez arquitetura.

Em segundo lugar, porque é inadequado o conceito que o homem ocidental faz da natureza e do espaço natural: para ele, só é realmente natural aquilo que permanece quase intocado pela mão do homem, algo assim como uma floresta virgem onde o que prevalece é o desordenado, o livre. Esta concepção pode constituir-se efetivamente numa espécie de ideal do espaço natural, de noção perfeita de natureza – mas como tal, ela se reveste de um caráter de inoperabilidade que a torna totalmente inútil para o homem, que nesse caso ou renuncia a esse espaço natural ou tenta submetê-lo a si mesmo de tal modo que o desnaturaliza inteiramente (que se pense nos chamados "jardins franceses"), sendo igual o resultado nas duas operações, isto é, inexistência de espaço natural para o homem.

A esse respeito, o oriental, e o japonês em particular, tem uma visão ao mesmo tempo mais prática e mais adequada à operação arquitetural. Antes de mais nada, para ele aquele punhado de cascalho, as duas ou três pedras em seu jardim e uma ou outra planta não são "amostras" da natureza (reduções do natural) com as quais ele tenta de alguma forma se consolar mas, sim, *são a própria natureza*, a proporcionar-lhe todas as sensações de que tem necessidade em relação ao espaço natural. Para o ocidental, pelo contrário, as plantas e outros elementos do natural só estão presentes em seu jardim na qualidade de "lembranças", ou seja, não enquanto coisas reais mas justamente (por perderem sua função própria) enquanto engenhos artificiais, exatamente aquilo a ser evitado quando ele *construiu* seu jardim. Dessa oposição origina-se uma série de mal-entendidos, desde os que relevam do simples mau gosto, passando pelas aberrações maiores como os jardins à francesa e chegando àqueles que provocam mesmo perturbações psíquicas (ou impedem o equilíbrio psicológico do indivíduo) e que produzem até esse pesadelo do mundo natural, essa aberração pavorosamente monstruosa que é a flor ou a folha de plástico! É justamente porque o homem ocidental (e o citadino, em particular) considera as plantas de seu jardim ou vaso como *simples signos de uma coisa* e não como a própria coisa (que estaria além, num ideal qualquer), é exatamente por isso que ele é capaz de aceitar sem nenhum espanto a inacreditável flor de plástico! Consequência inevitável do comportamento do ocidental em relação ao "natural", a planta de plástico é hoje apenas um dos elementos do enorme arsenal dos *erzats* da natureza que inclui a grama de plástico, e pedra de plástico e, para os mais "sofisticados" que exigem não só o mundo vegetal mas também o animal, aquários com falsa água e falsos peixes. Dentro de seu vício básico, que é considerar a pequena quantidade de plantas num pequeno jardim apenas como *amostra* da natureza e não como um pedaço da própria natureza, o pensamento desse consumidor é lógico: se a flor que eu tinha antes não era mais que um signo da flor real, se era por isso mesmo falsa, por que não admitir logo o falso elevado à perfeição que é a flor de plástico, com tantas vantagens: não seca, não precisa ser tratada, é definitiva (nada melhor que as coisas definitivas, para esse homem) etc. etc.?!!!

Por outro lado, o plástico é a expressão perfeita do racionalismo humano, do racionalismo imposto ao natural e do qual os jardins à francesa são um dos exemplos mais aberrantes e notáveis: "o contato com a natureza é fundamental, mas a natureza é desordenada e isto causa problemas, portanto é necessário que ela se porte e se comporte assim e assim". E tem-se como resultado essas construções vegetais, aparadas e condicionadas em formas geométricas de disposição e cor de gosto duvidoso (ou mesmo mau gosto), a se repetirem monotanamente num espetáculo em tudo e por tudo tedioso. Não existe em Versalhes, o diálogo artificial X natural: tudo ali é artificial.

O ponto de vista do oriental é não apenas mais "prático" como realmente (este sim) mais racional e mais adequado à operação arquitetural. Mais "prático" porque é impossível (e mesmo indesejável) conviver com a natureza absoluta, em estado selvagem e em grande extensão. Mais racional porque efetivamente uma flor num jardim não é signo da flor de um campo, mas é ela mesma e realmente uma flor, devendo assim ser encarada: o mundo excessivamente semantizado (mas erroneamente semantizado) é talvez um dos responsáveis pelo comportamento inadequado do homem, para quem de tanto uma flor ser signo do amor, da paz, da esperança e coisas do gênero, ela acaba sendo, mesmo quando real, signo de si mesma, numa operação mental injustificável. Gertrud Stein precisaria escrever outra vez seu "uma rosa é uma rosa é uma rosa" e talvez acrescentar "e mais nada *mesmo*" para os que ainda não entenderam.

E mais adequado à operação arquitetural porque para o oriental a natureza sem *algum* arranjo, sem *alguma* disposição do homem (e não uma disposição humana excessiva) não tem muito significado. Ou, para não radicalizar demais a afirmação: esse modo de pensar é mais adequado à arquitetura porque a natureza admite, sem deixar de ser natureza, alguma intervenção humana. Era justamente este um dos aspectos que interessava ressaltar aqui: a concepção de um espaço arquitetural natural que pode constituir-se não apenas pela natureza livre como também por elementos da natureza dispostos pela ação do arquiteto – sem os excessos, por exemplo, dos jardins à francesa.

Um outro aspecto relativo a este eixo é o que diz respeito aos espaços arquiteturais não construídos sob suas duas formas possíveis, exatamente a artificial e a natural. Exemplo excelente de Espaço Não Construído Artificial: a Praça São Marcos, em Veneza. Espaço Não Construído Natural: Hyde Park, Londres. O espaço não construído formado pela Praça São Marcos é efetivamente um espaço artificial: resulta de uma construção quadrilátera com um dos lados abertos, porém fechado por outra construção independente da primeira (a catedral) e comportando uma saída lateral, para o mar. E o solo é calçado: o espaço é inteiramente artificial. Em relação a Hyde Park, trata-se de um natural apenas ligeiramente misturado com algumas poucas obras humanas (alguns caminhos internos, uma ou outra casa). E o que interessa ressaltar aqui é que em princípio não se pode privilegiar um desses Espaços em detrimento do outro, como muita ecologia apressada poderia fazer optando pelo espaço natural de Hyde Park. Se por um lado se poderia pensar que a solução ideal estaria num projeto de compromisso entre artificial e natural, por outro é preciso reconhecer, por exemplo, que um espaço simples e totalmente artificial pode ser de todo satisfatório, na dependência de determinados fatores. É o que acontece com a Praça São Marcos, reconhecida de modo praticamente unânime como modelo de praça "perfeita", i.e., humana. Impossível deixar de sentir-se bem em São Marcos, conclusão comum. E embora haja certos aspectos não levados em conta pelos analistas (o fato de a Praça São Marcos ser um lugar excepcional e quase fantástico na medida em que, tomada por bandos de turistas e despreocupados praticamente o ano todo (numa realidade com seus aspectos inconvenientes, por certo), se volta ela quase totalmente para o lazer, numa atividade e num clima realmente impossível de se encontrar em outro lugar) o trabalho que se desenrola na praça, por parte dos moradores da cidade, passa facilmente despercebido, prevalecendo um clima geral de lazer e ociosidade acentuado pelas correrias de crianças e pombos, pela presença da água e pelas músicas (decadentes e mal executadas mas, enfim, músicas...) dos conjuntos que se revezam o dia todo nos bares da praça. Tudo isso e mais a própria disposição dos elementos arquiteturais da praça realmente proporciona esse inusitado prazer de convivência com a construção: o espaço é amplo sem o ser demasiado, a visão do céu é aberta mas a praça é fechada – não hermeticamente, pois uma grande saída se abre para a água e para uma paisagem mais além. E, importante, o homem não é esmagado pela verticalidade das construções, quer por parte do grande bloco quase quadrilátero, quer por parte da catedral (não mais alta que o Palácio dos Doges, isto é, sem as proporções "normais" das catedrais) ou ainda por parte do campanário, de altura afinal relativamente modesta e que, de qualquer forma, se integra totalmente no cenário por sua situação e conformação. E a paisagem é uniforme sem ser monótona: a grande construção lateral é por certo rítmica, mas a catedral rompe suave porém decididamente o tédio possível. Nesta perfeita oposição dialética entre os extremos (horizontalidade X verticalidade, abertura X abrigo, harmonia X variedade), e levando-se em consideração que a praça – como toda Veneza – pertence ao homem e não à máquina, ao carro (materialização moderna da mítica agora?), ela efetivamente se propõe como espaço notavelmente agradável. Quando estas circunstâncias não se reúnem, no entanto, os espaços não construídos artificiais são geralmente uma catástrofe: que se pense numa Place de la Concorde em Paris, a não passar mais quase de uma imensidão esmagadora e de uma pista de velocidade para os automóveis, ou numa Trafalgar Square londrina onde, se o espaço é menor que o de Paris, não é menor a exposição aos carros acumulados em toda sua volta num congestionamento contínuo. Ou na Praça da Libertação, no Cairo, antevisão do caos automobilístico. Ou na ridiculamente pequena Times Square (pequena em relação a seu trânsito humano).

Nestas circunstâncias, o Espaço Não Construído Natural apresenta-se normalmente como de mais fácil realização quando se visa oferecer ao indivíduo um lugar agradável: Hyde Park, Palermo em Buenos Aires, Central Park em New York (não fosse, claro, o problema da criminalidade incontrolável) – mas não, por exemplo, o Bois de Boulogne, transformado nos fins de semana, com suas ruas asfaltadas que o cortam em todos os sentidos e a pouca distância uma das outras, em cópia do inferno citadino parisiense com seus milhares de veículos. "Mais fácil", esse Espaço Não Construído Natural, na medida em que se oferece como síntese *imediata* e *pronta* do caos urbanístico e arquitetural que esmaga o indivíduo na maior parte do dia, da semana, do mês, do ano, de sua vida. Contudo, a solução mais adequada ainda seria aquela onde esse espaço exterior não construído (artificial ou natural) seja tal *que se integre no tecido urbano*, como acontece com São Marcos, e não se destaque dele acentuadamente (como acontece com a esmagadora maioria dos parques atuais), tal como se propunha nas ideais cidades-jardim derivadas das teorias de Owen e Fourier, no século XIX, ou nas reais experiências da vanguardeira Lyon do século XX; esses projetos de integração artificial-natural não são, de fato, de todo irrealizáveis: na China Continental, após a revolução comunista, a população, num trabalho lento mas contínuo, plantou milhões e milhões de árvores nas grandes cidades, obtendo por resultado prático a diminuição de dois graus na temperatura média no verão e uma estabilização dessa mesma temperatura durante o inverno – resultado sem dúvida notável, ao alcance de qualquer municipalidade realmente interessada no bem-estar de seus cidadãos. A cidade-jardim não é um ideal risível: é imperiosa necessidade.

I.3.5. 5º eixo: Espaço Amplo X Espaço Restrito

Não será demais repetir a todo instante que o necessário, para esta análise, é superar os simples problemas da *descrição* (como sugere Bachelard) no qual se atolam a maioria dos estudos sobre a arquitetura, sejam historiográficos ou outros. E esta superação é particularmente requerida quando se tenta uma abordagem das significações possíveis obtidas através do espaço entendido como área ou volume. Antes de mais nada, uma colocação: é certo não ser pacífico que se possa falar do espaço indiferentemente ou simultaneamente como área e/ou volume. Cada um desses aspectos apresenta caracteres próprios a exigir apreciações e soluções específicas. Mas aqui se postulará que não só o pensamento que está na base da colocação desses problemas é o mesmo para ambos (do lado do manipulador do espaço) como se confundem os dois, essencialmente, num mesmo aspecto, para aquele que os recebe, que os vive enquanto usuário. E isto se pode intuir facilmente quando se percebe que uma área restrita é compensada por um volume acentuado ou vice-versa – sem se falar nas relações entre a percepção de áreas e volumes em relação a formas diferentes. Para a análise aqui desenvolvida, portanto (que deixa inteiramente de lado os aspectos da descrição), não só se justifica essa fusão entre esses dois aspectos do espaço como ela é, mesmo, fundamental.

De início, a constatação primeira que vem à mente é a de que o Espaço Amplo está intimamente associado com o Espaço Exterior (o espaço amplo conduz para o exterior) e que o Espaço Restrito relaciona-se de modo particular com o Espaço Interior (e igualmente com o Espaço Privado e o Comum). Uns versos de Pierre Albert-Birot, citados por Bachelard[26], resumem essa e outras sensações do espaço:

> À porta de casa quem virá bater?
> Uma porta aberta: entro
> Uma porta fechada: antro
> O mundo bate do outro lado de minha porta.

Aqui, de um lado, a noção do espaço fechado como um espaço íntimo e um espaço de mistério, a se opor, de outra

---

26. BACHELARD, *Poétique...*, p. 23. No original, os versos são estes: A la porte de la maison qui viendra frapper? / Une porte ouvert on entre / Une porte fermée un antre / Le monde bat de l'autre côté de ma porte.

parte, ao mundo aberto, ao mundo exterior – ou, simplesmente, ao mundo. E a questão colocada por esses versos, e que deve ser colocada quando se aborda este eixo, é: até que ponto se pode identificar a experiência do Espaço Restrito (especialmente em relação ao Espaço Interior, mas também em relação ao Exterior) como o espaço da intimidade, da proteção (do bem-estar) e, inversamente, a do Espaço Amplo com a do espaço comum não protetor e, mesmo, hostil, E: até que ponto o Espaço Restrito é necessário? A determinação do modo de sentir essa oposição é tão mais imprescindível quanto hoje a área e o volume atribuídos à esmagadora maioria das populações são extremamente reduzidos e tendem a sê-lo cada vez mais – ao mesmo tempo em que se apresenta esses espaços, em todos os tipos de publicações, como traduções de "aconchego" de "praticidade" etc. A respeito da área/volume de que goza (se é que este termo cabe) cada indivíduo, é possível mesmo constatar que em muitos lugares a proporção se mantém estacionaria há já bem uns dois séculos (pelo menos) enquanto que em outros ela diminui nitidamente. Veneza, por exemplo, considerada por Le Corbusier a única cidade moderna (e que o é, de fato, sob mais de um aspecto): nenhuma modificação mais acentuada nos últimos quatro séculos. Paris: se a área particular de que dispõe cada habitante é, em geral e em média, a mesma de há 200 anos, o volume diminuiu consideravelmente (rebaixamento do pé-direito nas construções modernas, em relação ao Espaço Interior) e com ele todo o espaço em que se move o indivíduo (em Paris diminuíram ainda, nitidamente, as áreas verdes e as áreas livres: praças etc.) Mesmo nas regiões subdesenvolvidas, um suposto avanço nas condições de higiene habitacional (substituição de casebres de pau-a-pique, madeira ou restos vários de materiais por moradias de tijolo) é via de regra acompanhado por uma diminuição sensível da área/volume real de que dispunham os indivíduos.

Que significação adquire enfim para o homem a oposição Amplo X Restrito, que valores atribuir a um em relação ao outro, ou a um em oposição ao outro?

Discorrendo livremente sobre a poética da casa, Bachelard oferece uma pista para essa decifração – porém, uma pista embaralhada, contraditória. Bachelard torna quase materialmente verificável uma constatação da psicanálise: a imaginação constrói muros – com as ilusões, os sonhos, as sombras. Isto é, a imaginação protege o indivíduo, seu foro interno ou sua última ligação consigo mesmo. Por outro lado, nenhum muro verdadeiro, nenhuma sólida muralha, por mais grossa e dura que seja, impede a imaginação de tremer de medo, de suspeitar, de sentir-se ao aberto, exposta, insegura.

Neste caso, o canto e a casa são não só o primeiro e grande útero a envolver o homem despois do parto mas também seu universo. Um cosmo. E na acepção integral do termo, insiste Bachelard – o que inclui o desconhecido, o incerto e o temor. Uma dessas significações predomina sobre a outra? Como já foi mencionado aqui mesmo, existe toda uma mitologia do fechado, do estreito, do escuro a conduzir às categorias do íntimo, do secreto e do mistério, e que é possivelmente bem mais extensa do que uma mitologia do amplo, do vasto, da imensidão. E talvez essa mitologia do restrito seja de qualquer modo bem mais praticada ao nível do real do que a da imensidão. Como vai reconhecer o mesmo Bachelard, a imensidão é uma categoria filosófica da atividade onírica. Sonha-se com a imensidão, mas pratica-se o restrito. E nem sempre por impossibilidades econômicas ou materiais. É o homem, e especialmente o homem ocidental, que receia a imensidão[27] e se

27. Esta condição se reflete de modo claro na maneira de ocupação dos espaços internos através da acumulação de objetos. O ocidental tem horror às paredes vazias e lisas, reflexos do vazio maior e universal: por isso ele as ocupa não só com quadros como procura ocultá-las sob um acúmulo de móveis. Por essa razão jamais haverá um canto vazio numa casa-tipo ocidental: um canto deve ser sempre ocupado por um objeto, e proliferam as mesinhas, vasos, espelhos, "cantoneiras" etc. E, de modo geral, todo o espaço disponível, seja qual for, deve ser sempre ocupado, o que provoca uma densidade "objética" incrivelmente alta, reduzindo acentuadamente o espaço destinado inicialmente ao indivíduo (redução a 1/3, 1/4 ou ainda menos). Inversamente, no Japão, por exemplo, o que se privilegia é justamente a noção de *intervalo*, de vazio entre dois pontos, duas referências espaciais – e isto se verifica desde no famoso "arranjo floral" japonês até a disposição dos elementos num jardim, passado pela mobília dos aposentos. Uma "sala" não terá mais que uma pequena mesa e um ou outro objeto (ficando os demais ocultos em armários embutidos) assim como um jardim se faz com uma ou duas pedras espaçadas e relacionadas com não maior número de plantas. Pode-se objetar que esta casa-tipo japonesa não é mais encontrada hoje, e que as habitações coletivas à americana com interiores povoados de objetos são uma realidade lá também. Isto não impede todavia que a experiência do intervalo no Japão (mesmo ainda neste século) sempre foi, lá, uma experiência histórica, enquanto que no Ocidente a tendência sempre foi, desde que material e economicamente possível, na direção do acúmulo. Superada a Idade Média, onde os objetos de qualquer tipo eram absolutamente raridade, o mundo

refugia no pequeno: a grandeza parece destinada a ser apenas contemplada e não vivida. Realidade que se pode constatar em toda a história da arquitetura. Por exemplo, a residência vêneta do Papa Clemente XIII, Ca' Rezonnico. Passando-se um pequeno átrio de entrada, sobe-se uma escada portentosa que conduz a um considerável salão do qual saem salões menores mas ainda grandes: é a parte "social", a parte da casa para ser exibida, vista, contemplada, para impressionar. Mas há uma parte íntima da casa, os aposentos pessoais do cavaleiro e papa Rezonnico, e todos eles evoluem em torno da dimensão do pequeno, do fechado. Desde seu quarto de dormir, com o leito encastrado numa concavidade apenas pouco maior que a própria cama, até os outros aposentos secundários, saletas com não mais que 6 m², às vezes nem isso. O mesmo acontece, para ficar em Veneza, no Palácio dos Doges, uma construção "pública" e, por conseguinte, com salas monumentais, de vão livres imensos. Ou Versalhes e sua galeria dos espelhos – a aumentar ainda mais a sensação de enormidade do espaço e a atrair de preferência o turista (o contemplador por excelência). Ou os templos e pirâmides no Egito, que fez da monumentalidade esmagadora um princípio auxiliar do governo político. Ou, vindo para os tempos atuais, uma Praça Vermelha de Moscou, lugar de demonstrações, de exibições – e portanto de contemplações, mas não de existência.

A amplidão exibe o poder de seu possuidor. E atemoriza. É o mesmo terror que o homem sente diante do Vazio – do Universo, do Infinito. Algo que escapa à sua média: que ele não domina porque não pode preencher. Ou que ele encara como algo preenchido por um conteúdo que não entende, não conhece, não manipula – por conseguinte, que ele receia (é um espaço de exclusão: o indivíduo está realmente *por fora*). Na verdade, assim, a imensidão é tão misteriosa quanto o restrito

ocidental ou praticará o acúmulo de objetos – ocupação do espaço (pelas classes economicamente fortes) – ou terá essa prática como alvo e valor inquestionáveis (pelas classes não privilegiadas, enquanto no Oriente (embora em determinados períodos a escassez material coincida com ou provoque uma determinada preferência espacial) tem sido um valor e uma prática constantes o espaço vazio. Deixar de ver nesse preenchimento frenético do espaço (de que o Barroco e a *art nouveau* foram momentos particularmente privilegiados) uma verdadeira fobia do vazio para atribuí-lo apenas a razões de ordem social (ostentação etc.) é sem dúvida simplificar e descaracterizar esse aspecto do comportamento do ocidental, ficando-se na superfície do fenômeno sem descer às profundidades de suas motivações psicológicas.

(o íntimo, o fechado); tão habitada por fantasmas quanto espaço reduzido ("O mundo bate do outro lado de minha porta"). E sob esse aspecto, não é somente o espaço restrito que se propõe como domínio de "valores do onirismo" como sugere Bachelard, mas também o espaço amplo. A imensidão levada às últimas consequências é o espaço do Universo, o Cosmo – e não é exatamente assim que Bachelard conceitua a casa, o íntimo?

Haverá por certo distinções entre o fascínio/temor exercido pela imensidão e aquele provocado pelo restrito – a primeira das quais consiste justamente em que o restrito é de qualquer forma, e eventualmente, tangível, enquanto a vertigem provocada pela imensidão é absoluta, definitiva e em nada apreensível. O que conduz à conclusão da maior praticabilidade da mitologia do restrito (de que são indícios as mais variadas formas de sua manifestação: casa, canto, cofre, gaveta, envelope – mas também as caixas mágicas, a de Pandora, e as cartolas mágicas – e ainda suas múltiplas aparições no domínio do sexual etc.) em comparação com a da amplidão, formadora de vagas ideias gerais logo abandonadas ou revestidas de explicações que o homem facilmente aceita – para delas se livrar não menos rapidamente. Ao mesmo tempo em que nunca consegue libertar-se inteiramente do mistério e da atração de um simples baú fechado. Assim, uma das grandes manifestações (ou a maior) do fascínio da imensidão, mitificada e de imediato posta de lado, é sem dúvida a do Universo, de sua "criação", de seu "fim" e sua finalidade e da situação do homem em relação a ele. Como é esse fascínio exorcizado pelo homem, e continuamente? Segundo uma formulação retomada por Freud[28] com a finalidade de estabelecer um paralelo entre o comportamento neurótico e o de civilizações primitivas, a humanidade teria conhecido em sua história, sucessivamente, três sistemas intelectuais, três grandes concepções do mundo: concepção animista, concepção religiosa e concepção científica. Em todas elas se trata por certo de uma tentativa de explicação do mundo natural, mas deve-se subentender uma inquietação profunda com o problema primeiro do Universo. A concepção animista (a mais "completa" e "exaustiva" dentro dos limites do círculo vicioso que ela mesma se impõe) partia do pressuposto de que tudo era animado

---

28. FREUD, *Totem et tabou...*, p. 92.

tal como o homem, tendo por conseguinte o mesmo comportamento e as mesmas explicações; e toda esta colocação se baseava, este é o ponto fundamental, num dado anterior segundo o qual para o primitivo a persistência da vida, a imortalidade, era uma coisa inteiramente natural. (Não é Deus aquele justamente que nunca teve começo e não terá fim?) Tudo parece indicar de fato que a representação da morte só se formou tardiamente no espírito do primitivo, que nunca a aceitou a não ser com considerável hesitação – de modo explicável, por certo. Se não há morte, não há propriamente um começo, as coisas sempre existirão e como tais são "normais" – e a imensidão, o infinito, o vazio é catalogado como corriqueiro, portanto é afastado.

Segundo a concepção religiosa, há diferenças entre o homem e o mundo circundante, a natureza de um não é a mesma do outro e a constatação dessa diferença leva ao reconhecimento de uma ignorância do homem. Sugere-se então que o princípio das coisas está nos espíritos (os deuses) que tudo comandam e tudo sabem: não há com que se preocupar portanto, o cosmo é uma entidade perfeitamente clara e inteligível para a mente pelo menos dos espíritos. Afasta-se igualmente o problema do Cosmo. E na terceira concepção, o homem aceita a ideia de seu pequeno papel no Universo, renuncia aos problemas de explicação do Cosmo e procura antes se interessar pelos modos de operar sobre ele – e a questão é novamente eludida. De acordo com o exemplo de Freud, na primeira fase se quero que chova, deve bastar que eu faça algo que se assemelhe à chuva, ou que a invoque (animismo). Numa segunda fase, organizo uma manifestação em frente a um ídolo (danças etc.) ou mando dirigir orações (rogos) aos deuses. Num terceiro momento, enfim, procuro saber que ações sobre a atmosfera podem fazer com que chova. Mas se ao nível de um exemplo referente a um fato comum a diferença entre as três concepções é sensível, ao nível da tentativa de explicação do amplo, do Cosmo, a postura diante desse problema é a mesma: nas três ele é posto de lado. Efetivamente, diante da vertigem do amplo, do imenso, o homem se recolhe para trás dos muros da imaginação ou tenta preencher esse vazio com os primeiros conceitos à mão. Seu fascínio pelo restrito, no entanto, leva-o para o domínio da ação prática, ainda que assaltado por temores. Afinal, é sua dimensão. E diz-se assim que o espaço geral proposto por Veneza (um espaço predominantemente do restrito, compensado pelas ocasionais aberturas das praças e campos que nunca ultrapassam as fronteiras do mensurável) faz dela uma cidade à dimensão do homem, enquanto que o de Los Angeles (baseado em eixos amplamente rasgados para dar passagem ao automóvel) é sentido como positivamente inumano: opressor. Assim como tenta oprimir, espantar para dominar, a proposta fascista configurada no Vale dos Caídos, na Espanha, ou os restos da arquitetura fascista da Itália, como a Estação Central de Milão. Tal como seria inumano o espaço de Brasília.

Como determinar e medir na prática as dimensões reais, físicas, desse espaço humano que se identifica antes com o espaço reduzido do que com o amplo – mas que não pode descer abaixo de certos limites sob pena de igualmente tornar-se inumano? Qual é o *optimum* arquitetural em relação ao eixo área/volume? Os japoneses sempre consideraram o tatame, essa espécie de esteira de palha de dimensões fixas, como um módulo de determinação senão da área/volume pelo menos da área, de tal modo que um aposento é uma função de determinado número de tatames. Le Corbusier propôs igualmente seu discutido e criticado módulo formulado, no entanto, sob a perspectiva lúcida e praticamente revolucionária para a época segundo a qual cada cultura propõe um módulo de dimensões diferentes. Mas longe está de bastar o ponto de partida baseado no famoso homem de braços estendidos (por sua vez calcado na figura, de Leonardo, do homem renascentista inscrito no círculo), o que equivale a considerar como módulo a altura do homem. Os japoneses têm uma altura média, e os suecos outra, mas a diferença entre uns e outros não se limita a esse aspecto isolado. É necessário partir de noções de módulo bem mais complexas, como por exemplo uma noção de "bolha" sensorial humana derivada da "bolha olfativa" proposta por Hall em relação a uma esfera de odor próprio que cerca o indivíduo e que estabelece uma espécie de fronteira a demarcar seus limites últimos, respeitados em certas culturas ou normalmente violados em outras (enquanto o americano procura manter-se fora do raio de ação dos odores pessoais, não se aproximando demasiado de seu interlocutor – não a única, mas seguramente uma das grandes causas do desenvolvimento frenético dos mais variados tipos de desodorantes nos

EUA: bucal, para as axilas etc. etc., – para o árabe esse contato com o odor é não só indiferente como até mesmo procurado). Realmente, não há por que limitar ao canal do olfato a noção de "bolha" humana e com ela a do módulo mínimo de individualidade. Esse fato (as possibilidades de toque inter-humano) deve particularmente ser levado em consideração e com ele e determinação de um tipo de "espaço vital" individual e cultural que o homem reserva só para si e cuja violação – salvo, por certo, em ocasiões específicas – é bastante mal recebida. (Que se pense nas experiências forçadas ao se tomar um elevador lotado; efetivamente, o homem não é um animal de acumulação, como as morsas, e o estabelecimento de uma distância interindividual mínima é realmente de rigor.)

Mesmo a ampliação e a suplementação do conceito genérico da "bolha" ou do módulo humano, no entanto, não será nunca suficiente[29], e isto porque não só as diferenças se manifestam ao nível dos grupos sociais como inclusive ao nível de um e mesmo indivíduo ao longo de sua vida, de um ano ou mesmo de um dia. Sob esse aspecto, a *fixação* de um módulo, seja qual for, e a construção a partir desse módulo fixo serão sempre insuficientes. Seja qual for o critério que se adote, a proposição das áreas e volumes de um espaço só pode atender aos desejos do homem se for feito ao redor de uma dialética contínua entre amplo X reduzido, a qual é viável e pode mesmo basear-se desde logo, e mais uma vez, no módulo da casa tradicional japonesa, onde as divisões não são fixas, podendo-se ter uma salão amplo com o recolhimento das divisões entre três ou quatro aposentos modestos, ou um canto particularmente íntimo com o estaqueamento múltiplo de um mesmo aposento. E as únicas objeções a esse projeto, de ordem econômica (ou de rendimento do capital do negociante imobiliário, para empregar a expressão adequada) não se sustentam mais, se é que alguma vez se justificaram: as paredes não sustentam mais a construção e podem perfeitamente ser substituídas (pelo menos as internas) por elementos soltos facilmente removíveis. E o problema do isolamento individual, em particular sob o aspecto do isolamento sonoro, pode ser atualmente de todo resolvido com os materiais que combinam a leveza com

---

29. Mesmo porque, como determinar, fixar os limites do canal auditivo, por exemplo, extremamente amplo e particular, já que o homem não o controla?

a capacidade de isolação acústica. Mais uma vez, é uma falha da imaginação arquitetural (ou a ausência pura e simples dessa imaginação) que submete os indivíduos a experiências desnecessárias e nocivas. Se sempre se construiu em termos do *fixo* (fixa-se o espaço amplo, fixa-se o espaço restrito, estabelecendo-se entre eles uma distância intransponível) por que mudar? indaga o burocrata da arquitetura. O que é bom para a Europa não é bom para o Brasil, ou para a Nigéria? O que valeu no século XVIII por que não valeria hoje, ainda mais que o modelo vem glorificado pelo peso do tempo?! E com isso a arquitetura se revela como uma das poucas disciplinas que não registram modificações sensíveis ao longo dos tempos – e isto quando poderia fazê-lo legitimamente, sem se entregar ao fascínio gratuito do novo pelo novo. Todas as disciplinas humanas mudam porque muda o homem – menos a arquitetura: os conceitos de proposição, utilização e fruição do espaço continuam essencialmente os mesmos[30]. O arquiteto ainda é uma espécie de ditador ao qual o usuário se submete em termos absolutos e definitivos: ele nada pode contra "o projeto". No entanto, o espaço vive, respira – e isso quer dizer que exige mudanças (i.e., o homem as exige para ele e através dele)! A modificação do espaço deve ser uma necessidade; ela é uma possibilidade e seguramente não é um luxo.

I.3.6. 6º eixo: Espaço Vertical X Espaço Horizontal

Nada de mais natural que a arquitetura evolua ao redor da noção de horizontal e seu oposto, o vertical. Mas o espanto inicial pode ser grande quando Bachelard[31] afirma que "a casa é imaginada como um ser vertical". Que ela se eleva; se diferencia no sentido de sua verticalidade.

A questão que surge desde logo é: e a horizontalidade da casa? Diante da proposição de Bachelard nos damos conta de que: 1) ou não pensamos em termos de horizontal e vertical quando pensamos numa casa; ou 2) pensamos que uma casa com um só andar, o térreo, é uma casa na horizontal, e uma casa com dois ou mais andares é uma casa com existência na

---

30. Através dos séculos acrescentam-se aposentos novos (como o banheiro) ou modificam-se outros, mas a estrutura central da construção permanece inalterada.
31. BACHELARD, *Poétique*..., p. 34.

vertical. Como funcionam as noções de horizontal e vertical para o homem, que significam?

Bachelard analisa a questão de um ponto de vista bastante particular, talvez demasiado subjetivo. Para ele, a verticalidade da casa é uma realidade assegurada pela polaridade entre o porão e o sótão, a propor uma oposição (que ele diz "imediata" e "sem comentários") entre a racionalidade do teto e a irracionalidade do porão. O teto diria de imediato sua razão de ser: cobrir, proteger o homem (é, portanto, racional). Quanto ao porão, seria possível descobrir para ele uma série de utilidades, mas para Bachelard ele é fundamentalmente o "ser obscuro" da casa, um ser que participa dos poderes, da irracionalidade das profundezas. Para ele, o que interessa assim é considerar a casa como um jogo entre racionalidade e misticismo que se desenrola na vertical (e na vertical apenas) entre uma parte superior e outra inferior. Não faltariam elementos para comprovar essa colocação, segundo Bachelard. As construções para o alto, para a parte superior, são "edificadas", i.e., construídas racionalmente, pensadas, elaboradas, enquanto a parte inferior é simplesmente cavada, sem plano prévio, de modo apaixonado, e conforme as inclinações do cavador (do coveiro?). Além do mais, no sótão tudo é claro, nítido, simples, enquanto no porão tudo é misterioso, tenebroso: o mal é seu habitante, lá onde nunca há luz, de noite ou de dia. Onde prevalecem as sombras. Onde se cometem os atos proibidos na infância ou os crimes dos adultos: os dramas, as alucinações. A literatura policial e fantástica confirmaria isso: os crimes são sempre cometidos nos porões, os monstros (como o de Frankenstein) lá surgem. Bachelard foi mesmo capaz de encontrar em Jung uma passagem que o confirma em suas colocações (ou que as motivou?), segundo a qual o consciente está para o inconsciente assim como o porão para o sótão, na medida em que o consciente se comporta como o homem que, ouvindo um barulho suspeito vindo do porão, corre para o sótão onde, nada encontrando, se tranquiliza – sem ter-se aventurado a descer ao porão. Quer dizer, no sótão mesmo quando há medo este se racionaliza facilmente, enquanto isso ou não ocorre no porão ou quando ocorre não é definitivo ou convincente.

Desta proposição inicial, Bachelard parte para uma análise da existência nos prédios de apartamentos, onde a vida é sem encantos porque sem mistérios, já que não há porão e a polaridade básica instauradora do homem (e que se reflete na casa) foi rompida. A "casa" assim proposta não tem mais raízes, é um simples buraco convencional no meio de caixas superpostas onde a altura é só *exterior* – onde, enfim, a casa se tornou uma simples *horizontalidade*.

Antes de ver a que podem conduzir estas colocações, há um fato interessante a observar: embora vivendo em Paris, Bachelard parece não se dar conta de um aspecto da vida em edifícios que ele poderia ter explicado facilmente, chegando onde chegou, e de modo inteiramente original: o fato é que os edifícios em Paris *têm* porões, cada apartamento tem sua *cave*! Numa área comum, situada normalmente no subsolo, se sucedem, num espaço da mais completa escuridão, uma série de minicaves particulares. Estes porões de apartamentos poderiam ser facilmente explicados por um tecnocrata como simples medida de economia (de rendimento do capital): ao invés de "desperdiçar" espaço nos andares com a destinação de uma área em cada apartamento para servir de "despensa", "quarto de despejo", colocam-se todas elas juntas no subsolo, "racionalizando-se" a construção, economizando espaço e material. Pouco importa se não é muito prático morar num quinto andar e ter de descer e subir (às vezes sem elevador) para apanhar um objeto qualquer. De resto, os parisienses na verdade pouco se importam com isso; pelo contrário, fazem questão de sua *cave*, de sua *cave* "lá embaixo". Por que, se não é prático, nem serve para muita coisa? Bachelard poderia ter explicado, de modo original e inédito, que a *cave* é colocada nos edifícios não por uma prosaica questão de economia de capital mas porque se trata de um resquício da *cave*, do porão verdadeiro, aquele das casas, que o parisiense ainda exige, de modo mais ou menos consciente, e que continua a lhe ser dado, de modo mais ou menos consciente. Se o porão é, como Bachelard afirma, um elemento fundamental na vida do francês, seria normal encontrar (como se encontra) uma forma de sobrevivência nas *caves* dos edifícios. Bachelard nada diz a respeito – e ele *não pode* desconhecer, pelo menos, que essas *caves* existem: por que silencia? Por que o fato é tão comum que não ascende à sua própria consciência? ou por que não se sente seguro de suas explicações?

Seja como for suas observações são interessantes, particularmente o conceito de que a vida em apartamento é uma existência só exteriormente vertical, e essencialmente horizontal.

Mas e as outras teorias a respeito da verticalidade?

Na história da arquitetura, o conceito de verticalidade leva de imediato, e de início, ao Gótico. Gótico não é só verticalidade, por certo, mas não se exagera em demasia ao propor um termo como equivalente do outro. Como é vista essa verticalidade típica do Gótico, inspiradora de outras em outras épocas? Ela é encarada frequentemente como racionalidade, tal justamente como propõe Bachelard, embora por outros motivos. De fato, essa racionalidade da arquitetura gótica está diretamente ligada ao conceito de *clareza arquitetônica*, tal como este se impôs aos espíritos racionalistas (ou "racionalistas") do século XIX, Viollet-le-Duc em particular, e deve ser entendida de modo muito específico como "equivalência entre interior e exterior". No Gótico, esta é a tese, se teria finalmente uma forma de composição onde o exterior deixa transparecer o interior (donde o conceito de "transparência arquitetônica"); onde o interior não é ocultado pelo exterior; onde o indivíduo, contemplando a obra do exterior, não é enganado quanto ao que o espera no interior e vice-versa. Em outras palavras, um estilo (conceito escorregadio, mas enfim...) onde de certa forma não existe uma *fachada*, algo que separa uma coisa da outra (interior do exterior), que fecha, que desune. A arquitetura gótica seria antes um conjunto orgânico entre interior e exterior, ao contrário do que se teve na arquitetura grega ou romântica onde, a rigor, se tratava de dois modos diferentes de plasmar o material e dispor o espaço. Mesmo depois do Gótico dificilmente se pode constatar a prática dessa transparência: se a arquitetura renascentista não chega a romper *sempre* e *totalmente* com essa identificação, não é menos certo que nela o problema da fachada se impõe sobremaneira. E de lá aos tempos atuais essa identidade, encarada sob o aspecto particular aqui em discussão, só se verificará na produção (e em *alguma* produção) de alguns nomes isolados: se a Sagrada Família de Gaudí estivesse terminada, ela seguramente seria "de transparência" (de fato, o que é esse monumento único e alucinante senão uma proposição baseada no gótico?); algumas propostas da *art nouveau* também se enquadrariam nessa colocação (e ela também se liga ao Gótico) e outras de escolas ou nomes isolados do Modernismo (especialmente as da "linha geométrica", como a de Le Corbusier, ou o próprio Gropius, Mies etc.). Mas em termos gerais, o Gótico teria sido o grande momento dessa racionalidade entendida como transparência interior X exterior.

Contudo, se se disse em que consiste essa racionalidade específica, não se disse *como* ela se propõe, a partir de que ponto de vista ela é assim considerada. Esse conceito de racionalidade ou de clareza arquitetural do Gótico se deve em sua maior parte às teorias de Panofsky expressas em seu *A arquitetura gótica e o pensamento escolástico*, título que já revela o conteúdo da análise. Segundo Panofsky, não só existiria um paralelismo entre a arquitetura gótica e o modo de pensamento escolástico como inclusive a primeira seria a *expressão* material do segundo, na plena acepção desse termo. Assim como o pensamento escolástico é um modo de exposição e de argumentação, rigidamente organizado, a arquitetura gótica não só seria também fortemente estruturada como se organizaria segundo essas mesmas regras. E Panofsky encontra na arquitetura todos esses elementos de equivalência: os mesmos tipos de relações entre as mesmas partes (no discurso escolástico e no discurso arquitetônico), um tipo de "argumentação" arquitetural baseado nos mesmos princípios desse pensamento, a mesma divisão do discurso num certo número de partes ("videtur quod; sed contra; respondeo dicendum" ou "tese, antítese, síntese"). E por seguir todas essas regras de uma forma de pensamento estabelecido, a arquitetura gótica se manifestaria como arquitetura *racionalista*.

Ora, até que ponto essa colocação é válida? Uma crítica que normalmente se faz a Panofsky[32] é que a arquitetura gótica só é racionalista (e tão racionalista quanto ele deseja) na medida em que se submete à explicação, ao modelo, este sim racionalista, do próprio Panofsky, isto é, a arquitetura gótica explicada como expressão do pensamento escolástico é uma arquitetura *racionalizada* e não racionalista. A questão é que para Panofsky a arquitetura gótica é uma expressão perfeita

32. Ver Ph. BOUDON, *op. cit.*

do pensamento que a fez – mas sob este aspecto, qual arquitetura ou outra forma de arte não o é igualmente? A arquitetura neoclássica é expressão do modo de pensamento da sociedade (entenda-se: das classes de onde emanavam as ordens para construir, das classes dominantes enfim), tal como o Barroco é expressão do pensamento da Contrarreforma. O que Panofsky não leva em consideração é que toda forma de arte (e, mais genericamente, toda produção) é necessariamente expressão dos valores da ideologia das classes sociais que lhes deram origem – e não podem deixar de sê-lo. E o fato de uma delas ser essa expressão de modo mais rigidamente organizado que outra, eventualmente (ou que pelo menos assim parece dadas as excelências do modelo utilizado na análise, da perspicácia do analista) não significa que ela será racionalista e a outra não. Repita-se: todas são manifestações de um modo de pensar, de uma razão. Por outro lado, se se encara o termo "racionalista" sob uma perspectiva mais rígida, nem a arquitetura gótica e tampouco o pensamento escolástico pode ser considerado "racionalista" uma vez que estão ambos eivados de elementos místicos (os problemas da fé, a argumentação pela persuasão emocional – que é aquilo a que especificamente se propõe uma catedral gótica) a impedi-los totalmente se serem como tais considerados.

Mesmo que se deixasse de lado o problema de uma arquitetura racionalista como expressão de uma forma de pensamento para se considerá-la racionalista em razão de sua "clareza" (transparência exterior-interior, como em Viollet-le-Duc), a designação não se justifica dado que, como já foi visto aqui, o aspecto interior X exterior é apenas um dos vários envolvidos no problema arquitetural, e sobre ele apenas não pode repousar a possibilidade de considerar uma arquitetura como racionalista ou não.

Há outros modos de se encarar a verticalidade, e esta mesma verticalidade do Gótico? Sim, e parecem bem mais adequados: um deles baseia-se numa concepção (defendida por Hauser) segundo a qual o verticalismo gótico é, pelo contrário, manifestação do misticismo humano. Numa catedral gótica se teria de tudo, menos racionalismo: nessa "nave iluminada a caminho do paraíso" se misturam a pretensão irracional de elevar-se aos céus, de reverenciar entes irracionais e de afirmar-se um poder irracional (poder que transparece no exterior da construção). Internamente, prevalece uma atmosfera também igualmente mística, onde além dos cantos, da música, do incenso, proliferam (e no exterior também) as figuras mais irracionais (monstros, deformações) que a humanidade da época conhecia. Tudo isto formando um conjunto que, como já se disse, visava antes convencer pelos sentidos do que através de uma verdadeira argumentação lógica e racional. Arquitetura mística, portanto, e não racionalista; antes, talvez a mais irracionalista de todas, mais mesmo que o próprio Barroco, igualmente destinado à persuasão emocional.

O mesmo ponto de vista é endossado por Zevi[33], que compara o misticismo da arquitetura gótica com a produção do Oitocentos, com uma única diferença (no fundo não tão acentuada assim): o misticismo religioso é substituído pela fé no dinheiro. A catedral de Strasburgo, o Mont Saint-Michel são exemplos de exaltação do transcendentalismo místico da época em que foram construídos aos quais correspondem, na era moderna, entre outros, a Torre Eiffel e o modelo de arranha-céu surgido nos EUA, culminando no irracionalismo absoluto que foi a proposta do "The Illinois", o edifício de uma milha de altura pensado por Lloyd Wright! Zevi poderia igualmente ter citado como exemplos de irracionalismo as torres absolutamente sem função alguma que as famílias italianas abastadas tinham o hábito de mandar erigir para maior glória própria, glória que variava segundo a altura da torre (veja-se a cidade medieval de San Gimignano, eriçada delas). Ainda irracional é o propósito de um Le Corbusier desembarcando em New York pela primeira vez e declarando que lá os edifícios eram irracionais porque pequenos (nota: o Empire State já existia) devendo ser bem maiores!

Os aspectos da verticalidade aqui abordados são eminentemente metafóricos: é metafórico o sentido da proposição de Bachelard segundo a qual a casa é um ser vertical e que sua parte superior ("a mais vertical") é o lugar do racionalismo. É metafórica a colocação de Panofsky sobre o racionalismo da verticalidade gótica, assim como é metafórico o sentido através do qual se aponta essa mesma arquitetura como manifestação de um misticismo. Isto é, nenhuma destas análises procura apanhar a arquitetura e verificar como ela atua sobre o homem

33. BRUNO ZEVI, *Architettura e storiografia*. Torino, Einaudi, 1974.

no aspecto horizontal X vertical sob uma perspectiva material, real, funcional: todas procuram ver quais as manifestações segundas implícitas nesse tipo de configuração. E esse lado do efeito prático da verticalidade ou da horizontalidade sobre o homem precisa com toda evidência ser determinado. Seria possível falar, sob esse aspecto, da insensatez que constituem os edifícios modernos altíssimos que já se constroem hoje e que continuam a ser programados para amanhã; só a respeito do problema dos incêndios já se teria muito o que dizer. Mas deixando de lado aspectos como este e o referente ao conflito sótão X porão = racionalismo X irracionalismo, bastante poético e interessante mas de discutível validade, as observações de Bachelard sobre o viver em apartamento (que ele considera na realidade viver na horizontal) poderiam servir de base para uma determinação efetiva dos significados psicológicos e sociais do eixo Espaço Vertical – Espaço Horizontal. Por exemplo, o "ter um espaço à sua volta" mencionado por Bachelard é sem dúvida um aspecto particularmente importante do "morar na vertical" (na casa). Essa dimensão parece ser impossível, nas condições atuais, para o viver no espaço vertical de hoje, nos edifícios; se é um valor, no entanto, ela indica que mais do que na simples horizontalidade dos apartamentos, o problema está no fato de que essa horizontalidade é limitada, fechada – e a residência na vertical é assim condenada não apenas porque é vertical. Algumas casas das quais se diz que o morar atingiu nelas um ponto ótimo são construções essencialmente na horizontal, como a casa pompeana (se ela tem às vezes um porão ou equivalente, não tem sótão). Embora as discussões sobre os significados possíveis da verticalidade e horizontalidade (racionalismo, irracionalismo etc.) sejam necessárias, as observações de Bachelard devem ser encaradas antes como uma advertência relativa à paisagem e à "topografia" excessivamente tediosas que prevalecem nos espaços atuais quer internos ou externos: ou horizontal, ou vertical. A esse maniqueísmo geométrico, a que escapam por certo algumas propostas destinadas a pequeníssima parcela da população, se deve opor um espaço criativo, combinatório de formas e planos no qual o indivíduo possa movimentar-se livremente e não apenas deslizar ordenadamente, sempre em direções marcadas e definitivas, como um carro numa corrente de trânsito. Os planos do percurso humano são dois e sempre dois *em conjunto*: horizontal e vertical. E é através de uma proposta desse gênero que se pode pôr em prática um dos elementos programáticos fundamentais da arquitetura moderna (mas não só dela), a *temporalização do espaço*. Criar um jogo de permutações entre horizontal e vertical, i.e., propor desníveis, a necessidade de subir ou descer para ir de um lugar a outro (seja num espaço aberto exterior ou num espaço interior) é bem um meio – e bastante adequado – de temporalizar o espaço: romper sua monotonia, deixar de lado um espaço que se vê para adotar um espaço que efetivamente se percorre, um espaço onde o movimento é não só possível como exigido, um espaço enfim *vivido*.

Os espaços atuais não são vividos, são espaços vistos. Se se estivesse no teatro seria possível justificar um espaço apenas visto: o termo "teatro" provém de *theasthai* que em grego significava justamente *ver*. É mesmo certo que grande parte da tendência político-social de hoje caminha no sentido de tornar os indivíduos meros espectadores passivos seja em que domínio for, da arte (ou "artes" como a televisão) à decisão política. E é ainda correto que as propostas arquiteturais atuais pretendem tornar o habitar (uma cidade ou uma casa) um mero ato de visão: eu *vejo* a cidade mas não a *uso*; os habitantes de um periferia se deslocam nos fins de semana para *ver* o centro da cidade, ou um bairro "bonito", mas não para *vivê-lo* (são os turistas residentes, e como turista sua função é essa: ver); o morador de uma casa vê sua sala mas não a usa, ela é quase sempre um quadro que ele apenas vê e conserva para os outros verem. Mas a vida não é um teatro – pelo menos não sempre, e o *ver* precisa ser substituído pelo viver, pelo sentir, e que em arquitetura se define pelo experimentar, tocar, percorrer, modificar: numa palavra, *ação*. E o espaço estático deve ser dinamizado. O espaço sem tempo, sempre igual a si mesmo, exige ser temporalizado, isto é, modificado. Se é possível dizer com justeza que o tempo só se define pelo espaço (*agora* é *aqui*, *lá* foi *ontem* ou será *amanhã*), não é muito aceitável que o espaço seja encarado sem o tempo, mutilado do tempo. E se esse espaço não pode ser constantemente modificado pela própria natureza do projeto arquitetural, pelo menos se modifique a percepção desse espaço: o trajeto pelo espaço. Le Corbusier fala justamente em "promenade architecturale". Ora, isso não existe hoje – mas existia nos burgos italianos medievais, por exemplo: desníveis entre as ruas, pontes múltiplas, passarelas frequentes, praças quebrando a monotonia das ruas. Em Veneza isso existia e existe, ela é talvez um dos casos mais perfeitos de temporalização do espaço: a prova disso se tem não só andando pela cidade, por certo, como – para confirmar esse aspecto, se fosse necessário – relacionando rapidamente, sem pretensões de exaustividade, os termos utilizados para a designação dos espaços: *stretto, ramo, calle, rioterà, crosera, salizada, fondamenta, ruga, corte, sottoportego, campo, sacca, campiello, piazza, piazzeta, ponte*. Não se trata de proliferação gratuita de nomes: é que efetivamente um *stretto* não é um *ramo*, nenhum deles é uma *calle*, embora todos sejam algum tipo de rua. Mas as diferenças entre um tipo e outro, para o veneziano, são importantes e gritantes, e portanto é necessário apontá-las: quando alguém diz para um veneziano a palavra "fondamenta" a imagem que se forma em sua mente, o interpretante formado é "rua ao longo de um canal", totalmente diferente de um "ramo", viela de uns dez metros de comprimento por um de largura. E um *campo* não é uma *piazza*. Em outras cidades, como São Paulo, não só há essa variedade de nomes como ela nem precisa existir: é tudo igual, e neste caso três termos, basicamente (rua, avenida e praça) são mais que suficiente. E este caso de monotonia atinge seus limites máximos, os da neurose geométrica, na cidade onde o espaço é o mais absolutamente possível atemporal, onde o espaço nem mesmo existe a rigor: New York – Manhattan, particularmente. Lá, só duas realidades urbanísticas existem: a *street* e a *avenue*, e uma *street* é rigorosamente idêntica a outra, tal como uma *avenue* vale qualquer outra, nas dimensões e aspectos. Nesse tabuleiro não é de espantar que um pré-embrião de liberdade urbanística como a Broadway seja ressentida como verdadeiro monstro louco solto pela malha ordeira da cidade. Ela não só se propõe como um caminho amplo (*a broad way*) como, horror final, corta *obliquamente* o tabuleiro ortogonal! Decididamente, alguns milênios serão necessários para que New York atinja o nível de desenvolvimento urbanístico de Veneza – mas tudo indica que para ela essa é uma missão totalmente impossível. Em New York se vê, em Veneza se vive. Um *rioterà* veneziano (canal aterrado) obriga a uma curva aqui e conduz a um campo, cujo acesso se faz atravessando uma ponte de degrau e subindo uma plataforma – que conduz a uma miríade de *calles, ramos, croseras*. Numa área global minúscula, as possibilidades de combinação são praticamente ilimitadas: é preciso *tempo* para conhecer a cidade, enquanto New York se oferece inteirinha ao menor toque de botão num painel luminoso. Por ter tempo, Veneza vive ainda – e não morrerá. New York é uma ficção e um inferno: já se começou a abandoná-la há muito tempo.

Temporalizar o espaço: propor um espaço que se modifica pela possibilidade de vivê-lo realmente, de percorrê-lo. Quando Zevi fala dessa questão[34], ele sublinha o valor do aspecto dinâmico e estático dos espaços. Diz, adequadamente aliás, que quem concebe um corredor com paredes paralelas, tal um prisma estático, não entende o abe da arquitetura. Mas não mostra extensivamente *como* se pode praticar essa temporalização, embora cite exemplos corretos como o Guggenheim Museum e a Casa da Cascata, ambos de Lloyd Wright. E não fala nada sobre a temporalização do espaço urbano, imperdoável para um italiano que tem Veneza exatamente ao lado. A ação sobre o eixo vertical-horizontal, com uma proposta de ambos os planos simultaneamente, na casa e na cidade, é um dos instrumentos básicos contra o tédio e a opressão arquitetônicos. Do outro se falará a seguir.

I.3.7.   7º eixo: Espaço Geométrico X Espaço
         Não Geométrico

Qual o papel real da geometria no pensamento e na prática da arquitetura? Até que ponto a geometria é inerente ou mesmo essencial para a arquitetura?

Esta questão ainda é frequentemente recebida com um ar de espanto por muitos, aqueles para os quais a ligação entre uma e outra coisa é tão estreita que a pergunta é mesmo impensável e soa ingênua. No entanto, esse é justamente o problema: o fato de não se pensar nele.

Vejamos primeiro uma parte da questão: o relacionamento entre a geometria e o pensamento arquitetural – que exige a análise, inicialmente, da relação entre geometria e pensamento, simplesmente. Aqui é possível perceber um certo

---

34. *La formation de l'esprit scientifique*, Paris, 1975.

acordo geral entre os analistas quanto ao fato de ser a geometria um dos instrumentos fundamentais do pensamento científico – e mesmo do pensamento filosófico, se se pretender uma distinção entre um e outro. Para Bachelard, por exemplo, a geometrização da análise, isto é, um ordenamento seriado dos fatos estudados e mesmo o *desenho* deles, é a primeira tarefa exigida do espírito científico e aquela na qual ele se afirma como tal. A lógica assume esse procedimento, e a química, e a semiologia etc. etc. A razão é óbvia: a esquematização geométrica favorece um esclarecimento dos aspectos visados, um tornar mais claro, mais imediato uma determinada realidade. Sob esse aspecto, na condição em que estamos em termos de pensamento científico é impossível negar esse papel à geometria.

Mas esta mesma colocação necessária já torna evidente o primeiro transtorno que a geometria inelutavelmente trás ao pensamento científico em geral e a alguns de seus tipos em particular: a geometrização normalmente só é capaz de dar contas dos aspectos mais superficiais dos fenômenos – e tanto que em alguns casos ela não só transfigura o objeto de estudo como é mesmo de todo impossível de ser aplicada dada a complexidade do fenômeno. Assim, por exemplo, vê-se mal como pode a representação geométrica dar contas de uma realidade dialética. Em suas próprias essências, dialética e geometria são duas entidades que se opõem e se excluem mutuamente: é possível representar geometricamente que "A é A e não é B, ao mesmo tempo e sob o mesmo aspecto". Mas não é possível a geometrização de "A é A mas também é B na tendência para C, ao mesmo tempo e sob o mesmo aspecto". A representação geométrica está ligada essencialmente ao pensamento que se estrutura segundo as normas da lógica aristotélica (isto é, a esmagadora maioria dos pensamentos em operação – mas quantidade não é sinal de validade) e para este pensamento a geometrização é mesmo necessária.

Nestes termos seria mais adequado propor um outro tipo de relacionamento entre geometria e pensamento que fosse em princípio aceitável não só enquanto esse mesmo simples relacionamento e enquanto relacionamento com o pensamento dito científico como também enquanto relacionamento com o pensamento dito estético. Seria possível dizer que, aceitando uma prática evidente, a geometria pode ser um intermediário (não necessário) entre o concreto e o abstrato. Ou seja, um dado pode ser assimilado pelo pensamento *através* de uma geometrização (para ser a seguir eventualmente devolvido ao concreto). Mas obviamente nem o pensamento (o abstrato) é geométrico e tampouco o é o concreto, o objeto: geométrico é apenas o modo de análise, seja qual for o caso e a hipótese, e nada mais. E ainda assim com as restrições do parágrafo anterior. Sob esse aspecto, o pensamento arquitetural pode manter relações com a esquematização geométrica, criando assim uma representação de seu objeto, que é o Espaço Real.

Agora, a segunda parte da questão: o papel da geometria na prática da arquitetura. E desde logo se pode fazer uma colocação que elucida amplamente o problema: a prática da arquitetura e da urbanística tem sido tal (não só hoje, porém hoje mais que nunca) que os arquitetos confundem o concreto com o abstrato, confundem o pensamento sobre o espaço com o próprio espaço e acabam por impor um *espaço de representação* (o resultante da geometria possível do espaço, do pensamento sobre o espaço) ao invés de propor um *espaço real*. Esta é a grande falha (que não é de todo ingênua, como se verá) da prática arquitetural e que se revela especialmente nesta disciplina pela própria especificidade de sua matéria: um alfaiate (mas também um químico, um antropólogo) pode esquematizar geometricamente seu objeto (o plano desse objeto) mas não imporá essa representação ao objeto final. Um psicólogo pode representar geometricamente um estado mental mas não esperará que a vida psíquica de seus pacientes se produza na prática com o rigor e a forma de seu modelo. Ao contrário, o arquiteto representa um espaço (*pensa* um espaço) e acha a coisa mais natural do mundo que seu modelo, sua representação, se comporte e seja aceita na prática tal como ele a representou. Lamentável e trágico engano.

O próprio Bachelard enuncia de modo claro: "é necessário que nos livremos de toda intuição *definitiva* – e o geometrismo registra intuições definitivas – se é que queremos seguir... as audácias dos poetas que nos chamam para... 'escapadas' da imaginação". Ele está falando de literatura e menciona mesmo um estado de "cancerização geométrica" do tecido linguístico – mas podemos falar de arquitetura, da mesma necessidade de nos livrarmos dessas intuições definitivas e do mesmo fenômeno de cancerização geométrica do tecido espacial.

Alguma dúvida de que as casas e as cidades de hoje sofrem de geometrice crônica e aguda? Não. O ângulo reto, as paralelas e perpendiculares, as formas "regulares" predominam em toda parte – são mesmo sinônimos, tidos por pacíficos, de modernidade; progresso, avanço, desenvolvimento, tudo isso se mede com e se equivale ao ângulo reto. Qual o verdadeiro significado dessa situação, no entanto?

A Teoria da Informação[35] pode respondê-lo de imediato: resumindo, toda forma regular (as figuras geométricas, mas também a reta, paralelas, ângulos etc.) são facilmente previsíveis, por conseguinte contêm menos informação, *não mudam comportamentos*. Nada modificam, não instauram mudanças, servem para manter apenas, para segurar – como informação, valem pouco e mesmo nada.

É o que diz Zevi com outras palavras, que merecem ser citadas:

Por centenas de milênios, a comunidade paleolítica ignora a geometria. Mas assim que se estabilizam as bases do neolítico, e os caçadores-criadores são sujeitados a um chefe de tribo, surge o tabuleiro de xadrez. Todos os absolutismos políticos geometrizam, organizam o cenário urbano com eixos e depois outros eixos paralelos e ortogonais. Todas as casernas, as prisões, as instalações militares são rigidamente geométricas. Não é permitido a um cidadão virar à direita ou à esquerda com um movimento *orgânico*, seguindo uma curva: deve girar a 90 graus, como uma *marionete* (os grifos são meus).

Este curto trecho resume praticamente toda a problemática que a geometrização do espaço trás consigo e a visão dos que se opõem a ela: o geométrico (a marionete) se impõe à vida (o orgânico), o artificial ao natural, o condicionamento à liberdade. Ilustra também, por exemplo, a divergência estabelecida entre Frank Lloyd Wright e Le Corbusier: o arquiteto americano propugnava uma arquitetura "orgânica" em

---

35. J. Teixeira Coelho Netto, *Introdução à teoria da informação estética*. Petrópolis, Vozes, 1974.

oposição declarada ao geometrismo do suíço, acusado de artificialismo completo (embora, é necessário frisar, Lloyd Wright não tenha sido tão informal ou não geométrico assim). E o interessante aqui é que justamente Le Corbusier foi um dos grandes defensores manifestos e confessos do geometrismo, ele tão frequentemente acusado de ser contra a ordem, isto é, acusado de subversão. Veja-se por exemplo seu catecismo de arquitetura (que não tem estrutura e dimensões para ser mesmo mais que isso) *Quand les cathédrales étaint blanches*[36]. Sua ideologia dessa época é bem clara desde o título do capítulo que ele consagra a essa questão: "As ruas são ortogonais e o espírito vê-se liberto"[37] (falando de New York). Sua crença no ortogonal, no geometrismo mais rígido, é expressa em termos definitivos: "Este signo +, isto é, uma reta cortando outra reta formando quatro ângulos retos, este signo que é o próprio gesto da consciência humana, este signo que traçamos instintivamente, gráfico simbólico do espírito humano: um ordenador"[38]. Para quem foi taxado de materialista ímpio, é surpreendente o misticismo que transcende dessas linhas: a alusão ao sinal da cruz cristão, ao gesto da bênção (que "põe ordem") não pode ser mera coincidência. Mas deixando este aspecto de lado, bem como não aprofundando a discussão desse traçar "instintivo" (nada menos instintivo, na realidade, do que as concepções geométricas – e toda a história do conhecimento humano está aí para confirmá-lo), vejamos em que consiste as supostas excelências, para Le Corbusier, do traçado ortogonal. Para Jeanneret, que se comporta nessa sua primeira viagem aos EUA como um verdadeiro índio maravilhado e deslumbrado que desembarca na Metrópole Absoluta (deixando de lado uma série de aspectos no mínimo discutíveis e defendendo absurdos de caráter sociológico – como quando elogia a servilidade, a submissão forçada porém assumida e a falta de consciência social e de consciência dos próprios direitos dos empregados negros dos trens americanos, e que ele confunde escandalosamente com bonomia, para não citar outros exemplos – numa linguagem ufanista que cansa desde a segunda linha,

36. Paris, Médiations, 1971.
37. *Quand les cathédrales*.... p. 57.
38. Idem, p. 61.

porque a primeira já começa com um "I AM AN AMERICAN", assim mesmo em inglês, numa demonstração inequívoca de, no mínimo, mau gosto) o fundamental da concepção ortogonal é que a movimentação nesse espaço torna-se simples, direta, fácil. Quer ir a tal lugar? Basta virar três quarteirões à esquerda e depois dois à direita – ao que Le Corbusier contrapõe aquilo que ele chama de caos sufocante, de romântico e inadequado reino da "desordem", e que são os traçados das cidades europeias em sua quase totalidade. Para Le Corbusier, o ortogonal é exemplar porque nele ninguém se perde, e o estrangeiro se sente desde logo tão em casa quanto o morador antigo. Além do mais, o traçado geométrico organizado deixa a cidade livre: nada de igreja numa das portas da cidade e um castelo na outra, você atravessa a cidade livremente de uma ponta à outra, sem obstáculos: você é livre e a cidade também. E se lança numa diatribe contra as cidades "torcidas" antigas e as que foram propositalmente assim construídas na modernidade, crucificando Camillo Sitte pela propagação dessa ideia (por ter Sitte concluído que "o tumulto é o belo, e a retidão, a infâmia") quando ele pouco ou nada teve a ver com isso.

É possível deixar passar sua afirmação de que a orientação num tabuleiro ortogonal é mais fácil (e com efeito um erro num traçado tortuoso tende em princípio a se agravar cada vez mais), pode-se mesmo deixar de mostrar que a Teoria da Informação confirma que se o tortuoso, a desordem não são em si todo o belo, são altamente importantes para sua obtenção. O que não se deve aceitar é sua tese, frequentemente retomada, mesmo atualmente (ou em particular atualmente) de que o ortogonal é o espírito da liberdade, que com o ortogonal a cidade é *livre*, e o indivíduo também. Enorme absurdo, pois é justamente o contrário! Le Corbusier parece desconhecer ou deixar de lado um fato da história da arquitetura e da urbanística francesas (que no entanto ele deveria conhecer perfeitamente) que foi as reformas produzidas por Haussmann no tecido e na fisionomia parisiense. A modificação fundamental por ele introduzida em Paris foi justamente a de rasgar a cidade de uma extremidade à outra com uma série de eixos geometricamente projetados que se ligavam ou cruzavam. Finalidade específica: acabar, pelo menos em parte, com as ruas e vielas tortas e estreitas que o povo parisiense conhecia tão bem e que representaram papel fundamental todas as vezes que a população da capital francesa resolveu se opor à opressão monárquica e ditatorial, como aconteceu na tomada da Bastilha e na Comuna de Paris. Com os novos eixos, amplos e extensos (os *boulevards*, as grandes avenidas) o conhecimento da cidade tornava-se mais fácil e com ele o seu domínio, o cerceamento de sua liberdade, pois as tropas do poder podiam ser facilmente deslocadas de um lado para outro da cidade sem serem passíveis de detenção pelas eventuais barricadas, inúteis quando a largura da via é desmesurada e quando ao mesmo tempo há acentuado desnível nos armamentos de ambos os lados. Ortogonal = liberdade? Absurdo total! Em todos os momentos da história da urbanística mesmo antes de Haussmann (no Império Romano ou nas colônias da Espanha) a imposição de um traçado geométrico rígido para a malha viária sempre teve por objetivo reduzir ou eliminar a liberdade do indivíduo, facilitando seu controle, e não protegê-lo do exterior ou mesmo libertá-lo (pois o outro gume dessa faca é que a cidade ficava simultaneamente aberta à invasão exterior: seriam necessários muitos homens e muito tempo para ocupar definitivamente Veneza caso seus moradores se opusessem a essa tomada – e essa é uma das razões fundamentais para o "torcido" das cidades medievais – mas bem poucos para dominar mesmo uma cidade no entanto tão ampla quanto New York). Analisando por exemplo a organização das cidades construídas pelos espanhóis na América Latina, não é outra a conclusão a que chega Henri Lefebvre[39]: as "Ordenações de descoberta e povoação" de 1573 são específicas quanto ao ordenamento da malha da cidade através de lotes quadrados ou retangulares que se dispõem num relacionamento geométrico com a função específica de facilitar, como diz Lefebvre, a extorsão e a pilhagem em favor da metrópole europeia. Tudo é previsto, nada é deixado ao acaso, o que significa que as necessidades orgânicas (a liberdade) são eliminadas: o dirigismo é total. Analisando todos esses exemplos históricos, só mesmo uma mente delirante é capaz de considerar o traçado geométrico como ocasião de abertura e libertação para o indivíduo (Zevi fala mesmo em acabar com a prática da régua "T" para o estudante de arquitetura a fim de que ele não se

---

39. *La production de l'espace*. Paris, Anthropos, 1974, p. 177.

deixe tentar pela facilidade do geometrismo e aprenda a deixar já o próprio traço em liberdade!).

Isto sem mencionar que é justamente o "tortuoso" um dos elementos fundamentais para a animação de um espaço, para sua vitalização, para a eliminação do tédio do "habitar". Se se está num monstro lógico que é uma avenida em linha reta com 15 km de extensão (e mais ainda quando essas avenidas são dez, cortadas por 200 ruas paralelas e igualmente retas, como em Manhattan) não há o que esperar da cidade, não há surpresas, não há reconhecimentos, não há intimidades: tudo já está visto e sabido. Pelo contrário, em Veneza, Roma ou mesmo Paris (Haussmann não conseguiu acabar com a cidade) há sempre um *quartiere*, um *quartier* que é *o nosso*, que se encaixa harmoniosamente no *arrondissement* ou no *sestiere* (por conseguinte, na cidade toda) mas mantendo sua diversidade própria graças às suas ruas próprias e diferentes, às vielas imprevistas que defendem esse quartier[40] dos desconhecidos, dos "intrusos". E por outro lado, há sempre algo a conhecer, a descobrir, a viver, porque os outros *quartiers* são igualmente diferentes. E se o estrangeiro, o turista não consegue orientar-se nessa malha tão facilmente como o faz em sua própria "casa", nada a estranhar nisso: em primeiro lugar, a sensação de "estranhamento" é fundamental para o turista e, em segundo lugar, é necessário abrir para as visitas boa parte da casa mas não necessariamente toda a casa. É preciso constatar também que o princípio de propor intencionalmente o "tortuoso" como modo de defesa contra o intruso e como marca identificatória e distintiva é ainda atualmente prática universal embora reservada a pequena parcela da população, geralmente a privilegiada. Assim, um bairro como o Pacaembu é projetado sob um traçado tortuoso justamente para dificultar o trânsito de "estranhos", para impedir a devassa pelos automóveis, para garantir a "residencialidade" do local. Visto como prática de classe esse recurso pode ser até detestável; generalizado, só tem a apresentar aspectos positivos. Realmente, por que entregar a cidade inteira ao tráfego dos carros, desordenado e tumultuoso? Por que não procurar defender seu

---

40. Na vivência urbanística brasileira não existe o *quartier*, donde a inexistência de um termo para traduzi-lo. *Quartier* é uma das divisões do bairro (do *arrondissement*). No Brasil, a realidade urbanística se detém na figura do *bairro*.

valor residencial (valor de uso) em detrimento do valor de passagem, isto é, de consumo?

É realmente impossível aceitar raciocínios como os de Corbusier e que continuam a ser defendidos em nome de "ideais" como "aproveitamento do solo", "rendimento" etc. Esses são mais um retrocesso no modo de vida das populações. Retrocesso porque já na Renascença era comum na prática dos grandes urbanistas (como Michelangelo) a observação da disposição orgânica do espaço nas cidades e o respeito (isto é, o reconhecimento) por esse valor nos novos projetos – e com isto se descarta o elemento "desordem" do tortuoso ou do não geométrico, pois o torcido, o inesperado, o informal era mesmo *projetado* nessa época, ou pelo menos pensado: deixava-se lugar para que ele ocorresse. O informal é efetivamente elemento fundamental para a respiração do espaço e por conseguinte do indivíduo, já que junto com o eixo vertical/horizontal é um dos motores da temporalização do espaço. Obviamente, o informal absoluto não é praticável em arquitetura – mas que se o entenda pelo menos como oposição ao "sempre reto", às paredes contínuas, ao corredor imenso, nos cruzamentos sempre em ângulo reto. Seja o que for, mas sempre em oposição ao geométrico.

Há uma passagem de Le Corbusier anterior ao *Quand les cathédrales...* (que é de 1937) onde ele está bem longe de sua defesa do ortogonal:

Criou-se cidades de forma geométrica porque a geometria é própria dos homens. Vou mostrar-lhes como surge a sensação arquitetural: em reação às coisas geométricas[41].

Embora insistindo aqui nessa inadequação que é identificar o homem com o geométrico, seu propósito final (que evidentemente ele não seguiu a não ser, em parte, em sua obra tardia como a igreja de Ronchamp) é lúcido e imperativo, e merece ser erigido em bandeira, como tantas outras de suas colocações efetivamente valiosas: A sensação arquitetural surge em reação às coisas geométricas [42,43].

41. Segundo Boudon, *Sur l'espace...*
42. Esta confusão que se faz na prática da arquitetura entre um espaço real (aquele que deveria ser efetivamente trabalhado e proposto) e um espaço de representação (que é afinal o imposto, e que decorre da preocupação geometrizante e da não distinção entre um simples instrumento de operação, a geometria, e a operação efetiva em si mesma) não é por certo fenômeno da

Procurou-se determinar e analisar, assim, os eixos em torno dos quais se organiza o discurso arquitetural e que se revelaram em número de sete: Espaço Interior X Espaço Exterior, Espaço Privado X Comum, Espaço Construído X Não Construído, Espaço Artificial X Natural, Espaço Amplo X Restrito, Espaço Horizontal X Vertical, Espaço Geométrico X Informal. Tal como foram colocados, parecem ser em número necessário e suficiente, excluindo quaisquer outros em que se possa pensar – ou, o que vem a ser o mesmo, todos os outros possíveis e imagináveis podem e devem ser reduzidos à forma de um desses sete, que deste modo se apresentam como o esqueleto simultaneamente mínimo, essencial e bastante da linguagem e da prática arquiteturais.

É necessário ressaltar um ponto, no entanto: se a determinação dos eixos foi feita de modo a poder ser considerada a mais ampla necessária, a *leitura* ou análise desses mesmos eixos a que aqui se procedeu não quer se apresentar como e nem pode ser considerada exaustiva. Naturalmente, ela procurou apreender aqueles aspectos que podem ser considerados fundamentais dentro de cada eixo, mas que não se apresentam como os únicos possíveis. É relativamente fácil

atualidade. Pelo contrário, ela tem sólidas raízes históricas, precursores seríssimos. Sua árvore genealógica remonta sem dúvida à Antiguidade, mas o momento crucial para a história da arquitetura ocidental moderna e contemporânea, sob esse aspecto, é o Renascimento com sua mania pela perspectiva. É o estudo da matemática e a redescoberta da geometria (depois de bem mais de um milênio de real "treva científica") que leva ao perspectivismo desenfreado do século XVI (e mesmo XVII e XVIII) ou é a súbita descoberta do elemento profundamente lúdico (para uma época soterrada sob o bidimensionalismo da pintura) da perspectiva que promove um estudo furioso da geometria? Não interessa aqui essa discussão, mesmo porque seguramente se trata de ambas as coisas ao mesmo tempo. Seja como for, a perspecto-mania, a vontade e a necessidade de cavar uma outra dimensão na pintura e sobretudo no teatro, e de tornar essa dimensão realmente visível na arquitetura será de qualquer modo a responsável pela geometrização do universo renascentista, marcando especificamente sua arquitetura e, com ela, todas as demais dos séculos seguintes, incluindo, bem entendido, a nossa. Praticar arquitetura passou a ser especificamente praticar geometria; *geômetra* se tornou sinônimo de *arquiteto* e a geometria eclipsou totalmente todas as outras disciplinas que compõem o corpo da arquitetura, numa inversão brutal de valores. A arquitetura, que era uma arte, e apenas uma arte (que se apresentava, em virtude dessa postura por certo igualmente extrema, com aspectos a corrigir) passou a ser disciplina exata, racional – donde os males que nos afligem.

Historicamente, o momento dessa transformação pode ser fixado por volta da metade do século XV quando, após a descoberta recentíssima dos manuscritos de Vitrúvio, redigidos no ano 15 a.C, Leon Battista Alberti publica seu pensar, para os eixos, em todo um elenco de aspectos possíveis e prováveis, mas a leitura de todos é tarefa que este estudo intencionalmente não se coloca. E isto resulta do próprio objetivo de início declarado: proceder a uma leitura do discurso arquitetural, o que implica de imediato uma semiologia da arquitetura – mas ao invés de se seguir o caminho até aqui trilhado por essa semiologia (e que se tem revelado absolutamente infrutífera, mero exercício – muitas vezes inadequado – de lógica, mas não de arquitetura) se propunha organizar o discurso arquitetural num sistema (os eixos) e investigar as referências (os significados, se se quiser – mas, melhor, os interpretantes) livremente, a partir do ponto de vista exigido mais imediatamente pela natureza de cada eixo. E a esse aspecto, que constitui uma dificuldade

De re aedificatoria, espécie de seleção comentada dos textos do grande mestre. Foi o começo da "corrida", da nova moda. Em 1486, pouco mais de 40 anos depois da invenção da imprensa, surge a primeira edição dos textos do próprio Vitrúvio, a cargo de Sulpicio de Veroli, e nos anos seguintes (a atestar a fome que se sentia por esses escritos) há pelo menos mais uma edição importante de Vitrúvio a citar, a de 1513, por Fra Giocondo. A partir daí vem uma verdadeira enxurrada de tratados sobre arquitetura, perspectiva e geometria, e essas três coisas se veem intimamente relacionadas (a Fundação Cini, em Veneza, é um verdadeiro arsenal deles). Os títulos são os mais variados possíveis, mas a preocupação uma só. Há mesmo coisas extremamente saborosas, num claro indício da importância e interesse do assunto, como o livro de Giulio Troili (por apelido "Il Paradosso") publicado em 1672 sob o título *Paradossi per praticare la prospettiva senza saperla!* E no entanto, é obra séria, onde o autor apenas dava modelos, regras já prontas para "perspectivar" sem a necessidade de elaborar-se todo o processo.

Mas o que efetivamente interessa aqui é mencionar uma obra (já importante na época) que ilustra com seu próprio título a situação em que se tinha metido a arquitetura e da qual ela ainda não saiu: trata-se de um livro de Ferdinando Galli-Bibiena (particularmente importante cenógrafo da época) publicado em 1711, *A arquitetura civil elaborada a partir da geometria e reduzida à perspectiva*. O título é claro, preciso e eloquente: nada mais precisa ser dito.

Resta esperar que assim como a filosofia foi posta a andar novamente sobre seus pés por um certo sr. Marx, ela que andava plantando bananeira, também a arquitetura deixe brevemente essa posição tão pouco cômoda em que se mantém, no mínimo, desde o século XVI. Já não é sem tempo: só em relação à filosofia ela já está com mais de um século de atraso.

43. A reação ao traçado geométrico não se limita apenas ao projeto urbanístico. Mesmo no sentido mais tradicional da prática arquitetural (a proposição da "casa") ela é igualmente uma necessidade, uma possibilidade e uma realidade – tanto em relação ao Espaço Interior quanto Exterior. Um projeto de Frederick John Kiesler é, sob esse aspecto, exemplar. Kiesler propõe um "arranha-céu" abrigando escritórios, salões etc. e uma série de pequenos teatros de capacidade variada (120 a 330 lugares) cuja peculiaridade reside em dois pontos: a) de modo particular, num corpo anexo ao edifício

(se não uma impossibilidade) para todo trabalho que se pretenda exaustivo deve ser acrescentado que se partiu igualmente, para a leitura desses interpretantes, da distinção estabelecida por Peirce[44] entre *sentido*, *significado* e *significação*. Significado: aquilo que é inicialmente pretendido com um signo. Sentido: a impressão feita ou que normalmente deve ser feita por esse signo. Significação: o resultado real produzido pelo signo[45].

Fica claro agora porque esta análise (e análise alguma) não pode pretender a exaustividade. É possível, eventualmente, analisar de modo exaustivo os significados desses eixos, é mesmo viável traçar um quadro geral e bastante indicativo dos sentidos, mas será absolutamente impraticável levantar um plano de todas as significações, particularmente num trabalho que se pretende teórico, isto é, geral, abrangente. É viável ainda, por exemplo, analisar perfeitamente os significados, sentidos e significações produzidos por *um dado* discurso arquitetural sobre *uma determinada população*, grupo de indivíduos delimitado ou um indivíduo (um pequeno bairro operário, ou um parque residencial médio-burguês ou um único indivíduo, isolado). A análise geral, no entanto, não pode nem pensar em considerar a proposição de objeto semelhante. O que ela pode, e este foi o objetivo aqui, é exemplificar as leituras possíveis (para outros trabalhos de reflexão sobre arquitetura) e possíveis linhas de ação (para a prática da arquitetura).

---

central, Kiesler propõe algumas salas que são encerradas numa construção absolutamente não geométrica e que se assemelha a uma pera deitada, com superfície desigual e irregular; b) todos os corpos do conjunto deveriam ser construídos de tal modo que o material da construção e o revestimento deveriam ser praticamente jogados sobre a estrutura e não modelados de forma linear.

Este caso não é único: basta pensar nos projetos dos expressionistas. A Torre Einstein (Mendelsohn, 1920-1924) em Potsdam é igualmente um exercício em a-geometrismo, tal como sua "Arquitetura das dunas" 1920), um título de todo eloquente: movimento, variação. (Ver ilustração nº 1, 2 e 3).

44. Ch. S. PEIRCE, *Collected Papers of Ch. S. Peirce*, Cambridge, 1962.

45. *Sentido* foi aqui também considerado sob uma outra perspectiva (da qual resultou o título da obra), a partir de um conceito mais genérico, mais extenso (e que não conflita propriamente com o de Peirce) tomado à teoria de Hjelmslev, para quem *sentido* designa aquele *fator comum* existente sob todos os sistemas linguísticos. O *sentido* é, aqui, o "pensamento mesmo" subjacente a várias formas de expressão, por mais diferentes que sejam. Por exemplo, *I do not know*, *je ne sais pas* e *jeg véd* são algumas das formas diferentes que pode assumir o sentido (isto é, o fator comum) "eu não sei"; é ele que está por baixo dessas variadas expressões.

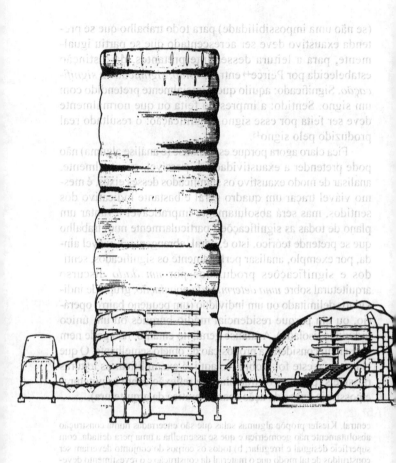

Ilustração nº 1: Projeto de teatro de Frederick John Kiesler, exemplo de reação ao traçado geométrico. Trata-se de um arranha-céu que se ergue sobre um teatro principal, abrigando uma série de outras pequenas salas com capacidade entre 120 e 330 lugares. Ao lado do corpo principal, uma estrutura irregular em forma de pera comporta uma outra sala. Sendo previsto um revestimento em cimento aparente, o arquiteto propõe que o material seja quase livremente jogado sobre as formas, dando por resultado uma superfície irregular e não modelada de acordo com configurações lineares e geométricas.

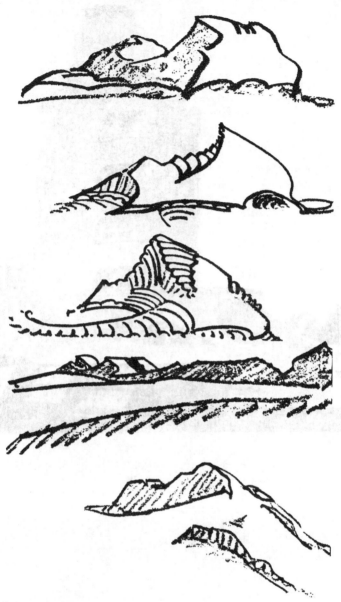

Ilustração nº 2: "Arquitetura das dunas", esboços de Erich Mendelsohn feitos em 1920: expressionista, o arquiteto procura observar e inspirar-se nas formas constantemente refeitas pelo vento. É nítida a influência da "Arquitetura das dunas" sobre o projeto da Torre de Einstein, do mesmo Mendelsohn.

Ilustração nº 3: Torre Einstein, de E. Mendelsohn, construída em Postdam (1920-1924). Baseada na "Arquitetura das dunas", é exemplo de recusa do geometrismo, praticada igualmente, entre outros, por Gaudí.

APÊNDICE

APPENDICE

1. O IMAGINÁRIO E O IDEOLÓGICO

Quando se fala na necessidade que sente o homem ocidental de ocupar um espaço, de não deixar um espaço vazio; ou quando se diz que a verticalidade é percebida como forma de misticismo; mesmo quando se propõe que o espaço pode ser temporalizado ou quando se apresenta o espaço geométrico como o espaço da prisão do espírito (e não só dele), está-se falando numa dimensão específica da arquitetura: a dimensão *do* imaginário (e não uma dimensão imaginária).

O que se deve entender por imaginário, em arte ou arquitetura? Seguramente não uma forma de alucinação, fantasia ou irrealismo. Num conceito comum e vulgar da palavra, imaginário é sem dúvida tudo isso (além de produto dos sonhos, ficção etc.), com um acréscimo específico: banalidade, coisa desprezível e mesmo perniciosa. E o mais grave é que esse conceito totalmente inadequado de imaginário acaba deslizando e infiltrando-se mesmo no campo da teoria da arte e da arquitetura (onde adquire condição semelhante à desfrutada pelas sempre presentes e absurdas teorias da "inutilidade" da arte), sendo aqui usado para emascular a prática artística do homem, ceifando aquilo que ela tem talvez de mais importante. De fato, se é verdade que pelo menos em estética o conceito de imaginário começa atualmente a ser, pelo menos em parte, reivindicado (embora confundido e distorcido, de modo extremo até), da arquitetura ele foi (e está) inteiramente afastado – se é que alguma vez foi, nela, devidamente considerado. A perspectiva que prevalece aqui é a de que a arquitetura é uma disciplina que lida com o real e o útil, e nada tem a ver com o imaginário. Monumental engano, e nem sempre inocente. E que se procurou desfazer aqui através da análise dos sete eixos em torno dos quais se organiza a atividade arquitetural: os componentes desses eixos foram quase sempre vistos, como se procurou mostrar mais acima, na qualidade de pertencentes à dimensão do imaginário na arquitetura.

Mas, como pode ser então descrito o imaginário de um modo adequado à recuperação que aqui se tenta fazer desse conceito, libertando-o de uma série de detritos intelectuais de suspeita inspiração? Não como fantasia, alucinação, mas como o universo de um modo de relacionamento da consciência individual com objetos reais ou virtuais. Este conceito, que partiu da noção sartreana de *imagem* (modo que a consciência tem de se dar um objeto) tem sua especificidade no fato de ser um modo não organizado, não ordenado, não racionalizado de relacionamento entre essa consciência e um objeto qualquer que lhe é interior ou exterior – pelo que o imaginário se distingue, por exemplo, do modo de relacionamento científico de uma consciência com esse objeto (modo ordenado, organizado). Esta descrição do imaginário (que pode e deve ser complementada dizendo-se que outra característica fundamental desse modo de relacionamento é o fato de que ele é feito a partir de múltiplos pontos de vista utilizados simultaneamente, enquanto o modo de relacionamento científico deve usar, a cada vez, apenas um único ponto de vista para a análise de seu objeto) não só permite (e mesmo torna obrigatória) sua presença em todo estudo teórico sobre arte e arquitetura, recuperando assim toda uma parte vital da experiência estética humana, como possibilita um entendimento da obra de arte (entre as quais a arquitetura) em seu justo posicionamento de *topos* real onde esse universo imaginário se constrói através de elementos reais (a matéria), formando com este universo um objeto novo, diferente ao mesmo tempo daquele mundo de relacionamentos não organizados e subjetivos e do mundo "objetivo" que se mostra ou opaco ao olhar da consciência ou que se revela de modo ordenado (mas frio, impassível) segundo a apreensão científica.

Este conceito de imaginário assim descrito, no entanto, chama atenção para um outro conceito, e uma outra atividade, sem a qual o imaginário, a obra de arte e mesmo toda atividade não artística do homem é inviável: o conceito de ideologia e a prática ideológica. Inviável porque não há significado, sentido e significação, na obra de arte ou na vida "comum", sem a presença de ambas essas atividades, simultaneamente. Mas o que se deve entender por ideologia?

Seria possível utilizar um conceito vulgar e muito empregado, segundo o qual uma ideologia é um sistema ou mero conjunto (conforme seja rígida ou frouxamente organizado, respectivamente) de valores dos mais variados tipos (políticos, religiosos, estéticos etc.) utilizados para a explicação de uma realidade. Não se pode dizer que esta descrição da ideologia seja equívoca, mas outras existem que são mais adequadas, particularmente a um trabalho desta natureza. Pode-se dizer, assim, que a ideologia é uma representação (isto é, um relacionamento consciência–objeto) produzida pelos homens a respeito das relações por eles mantidas com suas condições reais de existência. Este conceito está muito próximo do conceito de imaginário, já que ambos vêm descritos como modos de relacionamento entre a consciência e seu objeto. Qual a diferença? Para muitos, nenhuma. Estes (que entendem o imaginário como não sendo nada mais que alucinação, suposição fantástica) consideram simplesmente que a ideologia é uma explicação destorcida (por razões político-sociais, normalmente) da realidade que se opõe aos dados "indiscutíveis" fornecidos pelo entendimento "científico". Quando assim formulam sua posição, estão querendo que se aceite a ideia de que a realidade humana é constituída por uma única verdade *natural* que tem de ser descoberta e com a qual não se pode discutir. Por exemplo, seria da ordem "natural" das coisas o fato de existir uma entidade supra-humana a que se denomina "deus", tal como se deveria atribuir a existência, por exemplo, de uma rígida distinção entre as classes sociais a essa mesma ordem "natural" – contra a qual nada se poderia. Ora, não cabe aqui mostrar que não existe nenhuma explicação *única* da realidade (humana ou material) que seria "natural" (isto é, irretorquível) e que geraria o conhecimento de tipo "científico": vários trabalhos de valor indiscutível já o demonstraram. As teorias de Einstein, por exemplo, comprovaram que não existe uma verdade única e imutável, mas que toda noção tem um valor variável e relativo. Duzentos e cinquenta anos antes de Einstein, Newton formulou uma teoria da mecânica celeste que foi contrariada pela teoria da relatividade geral proposta pelo irrequieto e pouco convencional cientista moderno. Isto significa que a teoria de Newton é, portanto, falsa ou equívoca? Como afirmá-lo, se continua a ser utilizada pelos astrônomos e se delas se servem, sob todos os aspectos, os atualíssimos astronautas? Mas se as ideias de Newton são usadas ainda, neste caso os trabalhos de Einstein é que são enganosos. Proposição igualmente falsa. O fato é que sob um determinado ponto de vista a teoria de Newton é inadequada: ela não é adequada quando se trata de analisar objetos cuja velocidade se aproxima da velocidade da luz.

Isto significa que também no campo da chamada "ciência" tudo está na dependência de um determinado relacionamento, de um modo de posicionamento entre a consciência investigadora e seu objeto. Em outras palavras, tudo depende de um ponto de vista. Tal como no imaginário. Com a diferença, no entanto, de que a representação que a ideologia fornece aos homens das relações que estes mantêm com suas condições de existência é uma representação de alguma forma *organizada* e não é subjetiva, mas, quase necessariamente, transubjetiva, isto é, partilhada por um grupo ou grupos.

Ao lado dessa primeira concepção de ideologia aqui combatida (a de que a ideologia difere do conhecimento científico por ser uma explicação alucinada, falsa, antinatural) existe uma outra que também deve ser posta de lado: aquela segundo a qual a ideologia é uma argumentação que, enquanto escolhe uma das possíveis seleções circunstanciais de explicações possíveis, oculta o fato de que existem outras premissas contraditórias ou complementares que levam a uma conclusão diferente ou mesmo contraditória daquela por ela sugerida. Assim, se alguém afirmar que a teoria de

Newton explica a mecânica celeste segundo tais e tais princípios, sem revelar que existe outras teorias (como a de Einstein) que sob determinados pontos de vista permitem conclusões contraditórias às de Newton, esse alguém estará utilizando uma argumentação ideológica e não científica. Esta concepção também deve ser corrigida: não é pelo fato de expor sua parcialidade (isto é, de mostrar que existem premissas contraditórias àquelas que se escolheu) que um discurso qualquer deixará de ser ideológico. Ele continua a ser ideológico na medida em que é uma representação da realidade, e uma representação das relações entre os homens e essa realidade, que foi escolhida pelos homens, por uma série de razões, como sendo *a mais adequada e conveniente*. Eu afirmo tal coisa, não escondo que existem posições contrárias mas defendo a validade de minha posição: estou executando uma atividade ideológica.

Se a esta altura for perguntado como pode ser situado o conhecimento científico em relação ao conhecimento ideológico, e em que um se distingue do outro, é possível responder que os pontos comuns a ambos são muitos, que não existe oposição absoluta entre um e outro e que o conhecimento chamado científico é mesmo uma espécie do conhecimento ideológico, não podendo ser entendido de outra forma. Com efeito, basta lembrar que ciência só existe enquanto pode ser negada: a única coisa que não pode ser negada é o dogma, e o dogma não é assunto de ciência nem conduz ao conhecimento científico. A grande diferença existente entre a ideologia e o conhecimento científico (se é que chega a ser diferença) é que uma ideologia é feita também por conhecimentos científicos (neste caso o conhecimento científico é uma parte do todo que é a ideologia) e, por esta razão, o conhecimento científico é um corpo de noções rigidamente organizadas em torno de um único ponto de vista, enquanto a ideologia será composta necessariamente por uma apreensão da realidade baseada numa multiplicidade de pontos de vista (o aspecto político, o aspecto religioso, o aspecto estético etc.) – diferenciando-se do imaginário já que o modo de relacionamento consciência/objeto é aqui inteiramente não organizado, enquanto na ideologia alguma organização há. Além do mais, deve-se entender que a ideologia é uma prática normativa da atividade entre os homens (segundo critérios de justiça, adequação aos objetivos sociais etc.) que se preocupa com o dever-ser do universo humano, enquanto o chamado conhecimento científico, voltado para o estudo do ser, daquilo que efetivamente é agora, é um instrumento para essa atuação.

Não há, portanto, como separar o imaginário do ideológico – embora não se deva confundir um com o outro. Fez-se aqui esta resumida introdução a uma teoria do imaginário e do ideológico para melhor situar o leitor quanto a alguns aspectos dos eixos propostos e discutidos. E se por alguma razão deu-se a impressão de que o nível mais presente nas discussões do primeiro capítulo foi o do imaginário (embora a dimensão do ideológico sempre estivesse presente, ainda que de forma menos evidente) procede-se a seguir a uma análise específica da presença da ideologia na arquitetura (isto é, da representação que certos homens se fazem – e tentam impor aos outros – das relações por eles mantidas com a realidade arquitetural, por razões de variado interesse político-social) em três casos particulares. Esta análise deve mostrar como atua a ideologia na arquitetura, de que modo a arquitetura é ideologizada e ideologizante, qual o significado ideológico de certas proposições arquiteturais – e isto em três aspectos da teoria da arquitetura, e da teoria da linguagem e da significação na arquitetura particularmente, passíveis de verificação em alguns ou mesmo todos os sete eixos propostos. Por certo, trata-se aqui de análises exemplificativas que se contentam com serem tais e que não ostentam a mesma ambição e generalidade de que se reveste a primeira parte deste trabalho.

2. TRÊS CASOS PARTICULARES DO IDEOLÓGICO NA ARQUITETURA

2.1. O mito "Forma e Função"

A partir da segunda metade do século XIX a arquitetura tinha uma nova palavra de ordem: funcionalismo. Que acabou se tornando uma panaceia e uma etiqueta em nome da qual se procura desculpar verdadeiros crimes contra a arquitetura – se não fossem, antes, contra o homem. A fórmula mágica *Forma, Estrutura e Função*, tal como é proposta por Nervi, surgia para resolver os problemas da arquitetura, definindo-a e atribuindo-lhe um domínio específico para, ao final, justificá-la. As razões para esta nova concepção pareciam múltiplas aos olhos dos teóricos do século XIX: a torre proposta por Eiffel em 1889, por exemplo (como todas as pontes de ferro; mas ela foi o signo mais em evidência) levantava a questão referente à forma que se deveria dar às novas construções feitas com um novo material, o ferro – e o ferro aparente. A teoria da *art impliqué* (arte implícita) estava sendo formulada: cada tipo de material traz em si (ou

103

exige) uma nova forma que está implícita nele (entenda-se: e que não foi usada antes). O ferro, e depois o concreto, tornaram-se elementos da vida comum da arquitetura: que fazer com eles, continuar a revesti-los com as formas do Clássico, do Gótico, continuar a propor sopas de restos arquitetônicos, delírios artístico-sociais a que se batizava pomposamente de Ecletismo, como a Opéra de Garnier em Paris? Continuar a propor "neos"? Mas neo-o-quê, a essa altura? Já havia um neoclássico, e um neogótico: propor o que agora, o neobizantino, o neofaraônico, ou neo-neo-gótico (como é, de certa forma, o *art noveau*)? Evidentemente, há um limite para tudo, mesmo para a desrazão e o péssimo gosto. Propõe-se então que cada novo material deve ter uma nova forma, ditada pela função que exerce, não mais sendo, portanto, gratuita. Vai-se tentar unir, então, forma e função (a esses dois termos pode ser reduzida a equação de Nervi, sem prejuízos) e passar a propor projetos *funcionais*.

Mas quando se insiste muito sobre a necessidade de união entre dois elementos e na apresentação de soluções onde essa ligação é conseguida, é porque talvez esses elementos sejam irreconciliáveis, e a ligação, neste ou naquele caso, inexistente. As primeiras formas "funcionais" na verdade não o são, mas foram tomadas como tal na época e até hoje continuam a sê-lo. São enormes mentiras funcionais. A própria Torre Eiffel, por exemplo. Os quatro enormes, volumosos e maciços arcos que se veem entre seus quatro pilares funcionam psicologicamente para o espectador como os sustentáculos de toda aquela enorme massa de ferro, que parece repousar em suas "costas". Nada mais falso, porém. Não têm nenhuma função de sustentação, que fica inteiramente a cargo dos próprios pilares. Mas foram postos lá para dar essa impressão: por quê? Por que ficava "mais estético"? Para assegurar o público quanto à firmeza da obra? Impossibilidade de romper com a tradição histórica do arco? Talvez as três coisas ao mesmo tempo. O que interessa é que *não são funcionais*, não cumprem função alguma, são gratuitos. Onde está o funcionalismo? E a Torre Eiffel não é um caso isolado, pelo contrário: é uma amostra, a ponta do *iceberg*.

O que interessa então indagar é: o que está por trás do conceito de funcionalismo? Que significa *função* e o que significa *forma*? Qual a ideologia que está por trás desses conceitos? Qual a possibilidade efetiva de unir um e outro desses elementos?

Um excelente princípio de resposta é fornecido por Baudrillard[1]. Forma e função seriam dois valores antitéticos e irreconciliáveis porque reflexos e portadores de duas ideologias em conflito absoluto: a aristocrata e a burguesa. Para a determinação do campo desses conceitos remonta-se à Grécia: sua aristocracia faz do não trabalho pessoal uma norma absoluta de vida. O trabalho (particularmente o trabalho manual, porém todo trabalho) degrada, e a ele só se entregam as pessoas de extração inferior, os escravos, os prisioneiros de guerra; ao aristocrata é reservada a operação intelectual: a supervisão, a administração (mesmo na arte o pintor, trabalhador manual, é um degradado em relação ao poeta, ao rapsodo). Sua existência é a da ausência de esforços, de excessos, a existência da ostentação, do inútil. Isto é, da forma – da forma pura que se propõe não para cumprir uma necessidade, um trabalho qualquer mas como oferecimento gratuito, como ocasião de deleite livre, despreocupado.

Para o burguês, que não pode contar com o recurso do parentesco com os deuses ou do sangue azul, a única maneira de ascensão (pelo menos de alguma ascensão) está no dinheiro, que ele só obtém num primeiro momento com o esforço próprio e, apenas a seguir, com o trabalho dos outros. Mas mesmo enriquecendo e eventualmente sendo admitido no mundo nobre, o burguês continua marcado por um pecado original: a impossibilidade de apreciar algo a não ser por aquilo que esse algo produz, por aquilo que ele vale como instrumento para algo mais – por sua função, enfim. "A arte é muito bonita, muito bem, mas sozinha não interessa. O que pode fazer, como pode ser útil? Decorando uma taça? Ah, ótimo, neste caso sim, pois a taça é realmente útil." Colocação simplista? É possível. Mas a ideologia burguesa, nessa época particularmente, é relativamente simplista.

Assim, é possível montar uma equação onde à aristocracia corresponde a forma e à burguesia, a função. Mas aristocracia e burguesia são duas coisas irreconciliáveis ou, de qualquer modo, infusíveis. Na Europa, a burguesia terá de esperar desde a antiguidade grega até a segunda metade do

---

[1] J. BEAUDRILLARD, *O sistema dos objetos*. São Paulo. Perspectiva, 1973.

século XVIII para ter sua revanche; e nesse tempo todo, nada mais houve entre as duas classes do que conflito constante entremeado de ocasionais alianças (contra outras classes, contra o perigo externo). Mas fusão, não. E, correspondentemente, impossibilidade de união entre forma e função. De tal modo que seria impossível a existência de um projeto que proclame a união perfeita entre uma e outra coisa: a predominância de uma delas será sempre uma constante.

Não é argumento afirmar que essa união, no entanto, pode ser conseguida e só é conseguida pelos grandes nomes, pelos mestres, enquanto que para os demais, os arquitetos "de serviço", o fracasso é a herança inevitável. De acordo com a argumentação, essa imbricação seria pura e simplesmente impossível, e neste caso aquilo que estamos habituados a chamar de "perfeita união entre forma e função" nas grandes obras será simples ilusão: quando estas são citadas, estamos dando como exemplo algo que não existe.

Será correta essa colocação? Se realmente o equilíbrio não é possível, de que lado pende a balança? Seria possível pensar que a própria denominação da teoria já nos daria uma pista: pende para o lado da *função*. Realmente, parece que ninguém se deteve para indagar porque uma teoria que pretende *unir* forma e função se apresenta sob o rótulo exclusivo de *funcionalismo*. Deveria chamar-se simplesmente "Teoria da Forma-Função". Mas não: todos a reconhecem sob seu nome de registro "funcionalismo", embora definindo-a especificamente como uma prática arquitetural que procura estabelecer uma relação biunívoca entre uma função qualquer e uma forma qualquer. Mas por que chamá-la de funcionalismo? Por que não se escolheu *formalismo?* Não será necessária uma psicanálise de seus formuladores e praticantes para descobrir o motivo oculto, o fantasma impulsionador, o desejo inconfessável? Não, porque o aparente grande mistério torna-se bem claro quando se verifica que não é a função que predomina nos projetos mas justamente a forma. Isto é bem visível: basta pensar, por exemplo, nos edifícios de vidro a revelar uma forma perfeita, cuidada, mas que, quando instalados nos trópicos, demonstram-se de todo inadequados frente ao calor reinante (sem falar no problema dos incêndios). A denominação de *funcionalismo* assim teria sido feita apenas para mascarar as forças às quais se sucumbe, as do formalismo.

O mistério realmente não é tão misterioso assim. Vejamos de início o momento histórico de formação dessa teoria: é o período do lançamento das bases da sociedade industrial moderna, aquilo que Banham[2] chama de segunda era da máquina. Uma realidade com vários aspectos: sociedade industrial, sociedade de massa, capitalismo avançado, organização financeira multitentacular, imperialismo econômico, concentração da produção e da renda, direção do consumo das massas. Todos fenômenos que por certo só vão atingir o auge no século XX mas que já estão lá quando se começa a falar em funcionalismo. E com eles alguns outros aspectos que precisam ser apontados: racionalização da produção, produção em série, giro rápido do capital com um mínimo de custo e um máximo de rendimento etc. É nesse momento que se começa a falar em funcionalismo. Inicia-se falando por exemplo a respeito de certas máquinas com formas "inúteis", que não influem na produção, não rendem: máquinas com cilindros exteriores sob a forma de colunas gregas, tornos industriais com decoração barroca etc. Em nome do bom gosto, da pureza de formas, da forma "moderna", eliminam-se as colunas e a linha curva, substituindo-as pelas formas *retas*. A seguir fala-se na funcionalidade do produto, isto é, da funcionalidade para o consumidor: as maçanetas com tais e tais formas são mais funcionais (adaptam-se melhor à mão) e ao mesmo tempo mais bonitas. Um prédio de apartamentos com sacadas sem grades de ferro trabalhadas (ou mesmo sem sacadas) é mais funcional, porque a manutenção é mais barata, e ao mesmo tempo mais bonito: suas formas enquadram-se no gosto. É nisso que se pretende fazer o consumidor acreditar.

O problema no entanto é que todo esse funcionalismo, que se diz voltado para as necessidades do consumidor, é na verdade um funcionalismo pensado *para o produtor*, um funcionalismo que se encaixa naquela política de rendimento máximo do capital. A linha reta e simples é adotada porque é mais barata de produzir, as grades de ferro são retiradas (e depois a sacada) porque se barateia o custo e aumentam os

2. REYNER BANHAM, *Teoria e projeto na primeira era da máquina*, São Paulo, Perspectiva, 1976.

lucros; os elementos de construção tornam-se mais leves, mais "funcionais" pela mesma razão e assim até o infinito. Não pode haver a menor sombra de dúvidas de que o funcionalismo é voltado para o produtor, dando-se a *forma* para o consumidor como legítima e verdadeira isca. É extremamente significativo que um arquiteto e professor de arquitetura como Boudon, ao elencar o tipo de função que se relaciona com uma forma qualquer, tenha dito que a função será "construtiva, econômica, de programa ou outra"[3]. Trata-se inquestionavelmente de um lapso. Ele não precisava exemplificar (confessar) quais funções se propõe o funcionalismo (de resto, não dá nenhum exemplo referente às possíveis formas) mas o faz e só cita *funções de produção*: nada no gênero função habitar, função lazer, função trabalho etc.[4]. Para o consumidor, só a forma.

Digamos então que a teoria pende mesmo para o lado do funcionalismo – mas funcionalismo do e para o produtor. Ou melhor, a teoria deveria chamar-se "Teoria do funcionalismo para o produtor e do formalismo para o consumidor" – que é a única coisa realmente que ele consome. E que nem vale o preço que se paga: formas exteriores de péssimo gosto (resultante da inexistente formação artística de arquitetos e *designers*), manipulação claudicante da forma espacial (pelo desconhecimento das necessidades do corpo humano), de tudo isso resultando um universo sufocante (pelo desconhecimento do abe da Sociologia, Psicologia, Antropologia: são os arquitetos antibecedários[5]). Isto quando o arquiteto, embora "desconfie" de tudo isso, mesmo assim se dobra ao funcionalismo do produtor.

Seja como for, o que se constata é efetivamente a impossibilidade prática atual de unir realmente forma e função – pelo menos a partir de um ponto de vista unitário e específico, que deveria ser o obrigatório, o do consumidor.

3. BOUDON, *op. cit.*, p. 30.
4. Não é argumento declarar que diminuindo os custos de produção se diminuem os custos para o comprador, pois é quotidiana a constatação de que uma coisa nada tem a ver com a outra. A tendência é uma só: reduzir o custo e aumentar (ou pelo menos manter) o preço para o comprador. Não há, pois, nenhuma real função econômica *para o consumidor*.
5. Num certo sentido, isto poderia ser até elogio: aqueles que recusam o abc, a cartilha comum e primária, pelo tratado. Mas não: trata-se realmente daqueles que nunca chegaram nem mesmo a manipular o abc.

Não se pode considerar como união aquilo que resulta de um elemento bicomposto que volta cada uma de suas partes para um ponto de fuga diferente. A conexão é impossível, efetivamente, embora não pelas razões talvez demasiado "ideologizantes" de Baudrillard – e embora de qualquer forma a prática da função aqui apontada seja, como ele coloca, uma prática do rendimento, da produtividade econômica. Mas há uma outra ressalva a ser feita a respeito de sua tese: para Baudrillard, forma e função são eternamente irreconciliáveis porque o são igualmente as duas classes sociais correspondentes. Baudrillard não diz portanto qual a solução do problema – embora se pudesse esperar que ele o fizesse, pois para o conflito aristocracia X burguesia existe uma solução. De acordo com a própria ideologia de que parte Baudrillard, o conflito aristocracia X burguesia se transforma historicamente em oposição aristocracia/burguesia X proletariado, e depois simplesmente em burguesia X proletariado, o qual *deveria* ser superado com a afirmação do segundo oponente que a seguir *deveria* igualmente desaparecer para restar apenas uma ausência de conflitos ou, se se preferir, um estado de concordância geral. De acordo com a base implícita de seu ponto de partida, o que deveríamos ter para o problema da forma X função? Qual é o terceiro elemento que corresponderia, no esquema anterior, ao proletariado? Um formofuncionalismo? Um funcioformalismo, ou qualquer outro – mas qual? E se a forma está presente de algum modo nesse terceiro elemento (não pode deixar de estar), que forma pode produzir o proletariado pois, como foi visto por Trotsky, o proletariado não tem condições para propor essa forma nova e nem *deveria* ter tempo para fazê-lo pois *deveria* desaparecer rapidamente como classe? Qual a solução, neste caso?

Melhor realmente abandonar sua proposição (retida apenas como mola de outras, como feito aqui) nos termos em que está colocada, para sugerir que se essa união é atualmente impossível, ela pode deixar de sê-lo eventualmente quando as posições do produtor e do consumidor forem a mesma, partirem de um mesmo ponto para chegar a um objetivo comum: propor uma arquitetura capaz de oferecer a melhor existência humana possível. O que nos leva ao esclarecimento de uma questão levantada mais acima, referente a uma possível ilusão de união entre forma e função, mesmo nas obras dos grandes nomes. E se verifica que nesses casos isolados a comunhão entre ambas é realmente possível, especialmente (e infelizmente, se deveria dizer) quando do projeto de casas particulares: não há, aqui, nenhuma oposição entre produtor e consumidor: aquele que solicita o projeto tem os meios para a construção e reúne em si mesmo produtor e consumidor: neste caso é possível encontrar uma forma exprimindo uma função, uma adaptando-se à outra (o que no entanto recoloca o problema da arquitetura, pelo menos a arquitetura-*optimum*, como uma prática de classe...)

Aliás, essa identidade por um momento parece surgir em outros casos históricos embora amputada de uma parte: ao invés de forma e função ótimas para produtor e consumidor ao mesmo tempo, forma e função voltadas *ambas* para o mesmo ponto, o do produtor. Que se pense na arquitetura barroca, especialmente na arquitetura religiosa barroca. Produto da Contrarreforma na luta contra o protestantismo, surge quando a Igreja Católica encomenda especificamente uma arquitetura com uma forma determinada para uma função específica, ambas destinadas a ela mesma, Igreja: tratava-se de dar formas de encantamento, de sufocação sinestésica calculadas para fazer retornar à sede católica os antigos adeptos desviados pela nova adversária e ao mesmo tempo conquistar novos simpatizantes. E sob o ponto de vista da Igreja, do produtor, a combinação existiu pois deu resultados. Todavia, não é possível aceitar esse exemplo como demonstração de união perfeita de forma e função uma vez que não foram levadas em consideração as necessidades e os desejos reais e profundos do consumidor dessa arquitetura, que se portou diante dela de modo passivo, guiado. Não foi ele que solicitou do arquiteto um lugar deste ou daquele tipo para a prática da religião, e mesmo que se tenha verificado a hipótese de um verdadeiro contrato de adesão (ao contrato já feito ele adere com sua aquiescência) não é possível considerar a arquitetura religiosa barroca um caso de união forma-função. Um contrato de adesão é visceralmente distinto de outro em que cada elemento ou é proposto pelo próprio interessado ou pelo menos por ele discutido ponto por ponto. É necessário insistir que para a arquitetura o que deve interessar é o usuário (para não repetir consumidor, termo carregado de conotações negativas), e só a partir dele pode ela ser definida.

O mito da forma X função em arquitetura (pois é exatamente nisso que ele se transformou ou que sempre foi) surge assim na verdade como mais um rebento do pensamento tecnocrata que não se sustenta e não se justifica. Não seria mesmo demais propor seu afastamento do campo da arquitetura e substituição por noções que a definam melhor; qualquer rápido pasticho das definições históricas da arquitetura é capaz de propor pontos mais sólidos, como espaço/homem, ou mesmo belo/comodidade/humanidade etc. etc.

2.2. Teoria da produção do espaço: uma formulação

Produzir um espaço, particularmente na arquitetura "pública" e em urbanística, não é apenas determinar formas, dispor elementos numa representação desse espaço para a seguir executá-la numa prática efetiva. Esse é um dos aspectos da produção do espaço, mas está longe de defini-la inteiramente, e para conhecer a extensão desse conceito é necessário indagar de início – coisa que não se costuma fazer na prática da arquitetura – o que vem a ser efetivamente um *sistema de produção*.

Essa determinação só pode partir de uma disciplina fundamental para a arquitetura mas que é, no entanto, desprezada – por razões óbvias – na formação do arquiteto: a Economia Política[6]. Dentro da estrutura proposta por esta disciplina, um sistema de produção apresenta quatro fases necessárias das quais a primeira, chamada de Produção propriamente dita, é aquela que normalmente o define embora seja apenas parte dele e não possa ser levada em consideração sem as três restantes sob pena de distorcer-se a visão do sistema em sua globalidade.

Produção propriamente dita significa apropriar-se dos produtos da natureza e dar-lhes uma forma adequada às necessidades humanas. E a produção arquitetural é a apropriação do espaço e sua informação adequado às necessidades do homem; os formuladores desses conceitos, em particular

6. E as noções aqui propostas devem servir para a constituição de outra disciplina particularmente importante, uma Economia Política do Espaço.

III

Marx, obviamente não tinham em mente a arquitetura quando os propuseram e no entanto nada melhor para uma definição inteiramente aceitável da prática arquitetural.

A segunda fase do sistema é a *distribuição*, onde se determina a proporção em que os indivíduos participam dos resultados dessa produção inicial, de acordo com as leis sociais, sejam quais forem. A *troca*, terceira fase, configura uma distribuição ulterior daquilo que já foi distribuído, de acordo com as necessidades individuais; é a troca que traz aos indivíduos os produtos particulares de que carecem. E a quarta e última é o *consumo*: os produtos tornam-se objetos de uso e fruição, de apropriação individual; nesta fase, os produtos saem fora do movimento social (donde a afirmação de que a sociedade de consumo, aquela em que o único valor é justamente esse, é eminentemente antissocial).

Para ver como a teoria da produção funciona em arquitetura analisemos uma prática específica, a arquitetura teatral (e dentro dela um caso particular) que permita conclusões mais amplas sobre a formulação de uma arquitetura realmente humana.

A análise se concentrará assim num tipo de espaço teatral (entenda-se por isso a configuração e organização interna do edifício teatral em sua relação Cena-Público, e não apenas do palco) configurado numa série de salas-padrão através dos séculos. É o espaço do Teatro San Samuele de Veneza (século XVII), Drury Lane de Londres (século XVII), Scala de Milão (século XVIII), La Fenice de Veneza (século XVIII), Covent Garden de Londres (século XIX), Opéra de Paris (século XIX), Madison Square de New York (século XIX) ou mesmo os mais recentes Municipais do Rio e São Paulo. Enfim, trata-se de um tipo de espaço teatral que subsistiu e subsiste ainda em vários lugares e que se mantém com a mesma estrutura (por razões que se tornarão evidentes mais além). Esta estrutura obedece ao seguinte esquema: um palco no fundo de uma sala defrontando uma *cavea* dividida numa seção horizontal (normalmente designada *plateia*: filas de cadeiras individuais) e numa seção vertical (de dois a seis "andares") comportando "camarotes", filas de cadeiras ou simples arquibancadas (cabendo aos primeiros os andares mais baixos e aos outros os demais, nessa ordem) dispostos ao longo da *cavea* sob forma de U, ferradura ou sino. O que interessa aqui é: por que essa organização, esse tipo de divisão do espaço reservado ao público e como se verifica aí a teoria da redução do espaço?[7]

O tipo de teatro aqui analisado, denominado também teatro *à loges* (teatro de camarotes) vai surgir quando, com a Renascença, o teatro passa a ser espetáculo senão de massa pelo menos espetáculo público, saindo dos palácios e casas senhoriais – momento em que aparece, como os próprios arquitetos da época declaram expressamente em suas obras, a necessidade de dispor a sala de tal modo que as "pessoas de classe elevada não se vejam obrigadas a se misturar com os de baixa extração social". Para aqueles que podem pagar reservam-se camarotes (lugares mais íntimos, com poltronas); para outros, cadeiras comuns em boa posição (plateia), ou lugares menos convenientes (nos andares inferiores) ou de todo inconvenientes (hoje denominados "galerias" ou "anfiteatros") colocados na parte mais alta da sala, junto ao teto, e onde nem a visão, nem a audição podem ser exercidas plenamente. Esta é a razão histórica, específica e declarada do nascimento do tipo de teatro em análise.

Como fica, nele, a teoria da produção do espaço? Em princípio, parece não existir nesse tipo de teatro, no Scala, no Madison Square, no Municipal, uma produção do espaço. Por quê? Porque aí não parecem existir pelo menos duas das fases de um processo de produção, a troca e o consumo. Vejamos: temos um produto já acabado, o espetáculo teatral, e tem-se um problema de produção (intimamente associado ao anterior) que consiste em organizar o espaço de modo a que o primeiro produto chegue ao consumidor, ao espectador, que deverá fruir não só um espaço físico (organizado

7. Esse modo de organização do espaço teatral não foi por certo o único na história do teatro. Antes dele existiram pelo menos três grandes tipos, em resumo: a) o teatro de tipo grego clássico, onde os espectadores se dispunham numa arquibancada em forma de semicírculo, composta por fileiras de assentos unidos e sem diferenciação; b) o teatro de tipo "informal" da Idade Média, onde não há edifício teatral propriamente dito (servindo, para a ação, uma igreja, um átrio, uma praça pública) e onde os espectadores se misturam livremente à ação dos atores (no máximo, e eventualmente, um ou outro palanque servia para abrigar nobres e "autoridades"); c) o teatro privado e senhorial da Renascença, onde numa sala sem divisões colocavam-se atores e espectadores, sem palco, e na qual os espectadores se espalhavam livremente, sentando-se em cadeiras esparsas ou ficando em pé. Esta descrição e esta tipologia foram enormemente simplificadas, por certo, mas são o suficiente para o que interessa aqui.

pelo teatro) como o produto-espetáculo. Pode-se dizer assim que nesse tipo de teatro há uma produção (o espetáculo está lá, um espaço foi organizado, apropriado) e pode-se eventualmente afirmar que há até mesmo uma distribuição: a determinação da proporção da participação de cada um nos resultados da produção (de acordo com a posição de cada um: camarote, poltrona, galeria etc.). Mas não haveria troca, nem consumo: que significado têm essas duas operações para quem fica sentado lá em cima no último andar, exprimido contra o teto, e que não pode sentar se quiser ver pelo menos parte da ação, já que ver o palco todo é realmente impossível? Ou, se consegue ver a ação, não pode distinguir o jogo facial dos atores, ou mesmo gestos inteiros? É óbvio que para estes não há nem consumo do espaço teatral (pois ficam separados num canto à parte) e muito menos consumo da produção teatral: não se apropriam daquilo que se desenrola no palco, não podem usufruir, não podem gozar de um gesto, de uma fala, de um rápido piscar de olhos dirigidos *à plateia* (no sentido específico do termo: ao lugar plano, na horizontal, diante dos atores), de um contato mais íntimo com os atores. E se isto não é possível para esses, se não podem consumir mais longamente um ou outro aspecto da produção que desejariam, não há essa possibilidade de distribuição ulterior (a troca) nem a manipulação específica pelo indivíduo (o consumo). A rigor, essas pessoas nem ao menos participam, ainda que remotamente, da produção teatral de que fruem os espectadores da plateia e dos camarotes. Vislumbram apenas alguma coisa de vago, de indistinto, de longínquo. Participam de uma outra experiência: uma pseudoexperiência de teatro, uma antiexperiência teatral.

Há nesse tipo de teatro a produção de um espaço compatível com um determinado objetivo, a produção e o consumo de um espetáculo teatral? Não, apenas uma falsa produção. Mas não se pode falar numa pura e simples inexistência de um processo de produção, pois o que se poderia objetar a esta tese é o seguinte: se se levar em consideração apenas os privilegiados, as pessoas da plateia e dos camarotes, existe aí um sistema e um processo de produção perfeito e acabado: há uma produção e uma organização espacial tal que se determina a proporção da participação de cada um, com uma distribuição ulterior segundo as necessidades individuais e uma apropriação desses produtos, pelo menos para aquelas pessoas consideradas[8]. Na realidade, em princípio não é possível deixar de concordar com esta argumentação. O conceito de *distribuição* não implica de fato em que os indivíduos participem da produção de acordo com as leis sociais? Ora, se estas estabelecem uma gradação (ou degradação, na verdade) na posição econômica de cada um na sociedade, esse tipo de produção espacial do teatro não faz mais do que reproduzi-la e atender, com isso, aos imperativos dessa lei. E neste caso, o máximo que se pode dizer é que essa prática arquitetural é nitidamente uma prática ideológica (uma prática defensora de certos valores ligados a determinadas classes) a surgir de modo nítido quando é analisada sob os ângulos dessa teoria da produção do espaço. Outra seria essa prática arquitetural e a ideológica por ela revestida se se tratasse de um teatro organizado, por exemplo, como o teatro grego clássico (como, em parte, o Teatro Olímpico de Vicenza, por Palladio, século XVI – trata-se de teatro coberto, donde a diferença com o modelo antigo) onde todos os espectadores têm a mesma possibilidade de se apropriar como bem entenderem daquilo que é produzido em cena[9]. Ou num teatro do tipo arena. Ressalte-se: não é que nestes dois tipos a prática arquitetural seja não ideológica, isto não existe: trata-se apenas (mas não é nada "apenas") de uma produção de espaço onde se atende às necessidades de todos que nele penetram. Neste caso, a produção do espaço é uma autêntica produção, uma produção completa, que se verifica em todas suas fases. Daí poder-se afirmar que embora haja produção do espaço naqueles teatros não só essa produção espacial é de um tipo ideológico bem definido como na verdade não chega a ser uma verdadeira produção *arquitetural*: claudica, não perfaz um todo orgânico e coerente, mesmo se se leva em conta que desde a fase do projeto ela pretendesse realmente, de modo intencional, *não* atender todas as necessidades de

---

8. Do mesmo modo, na Renascença os cenários em perspectiva eram pintados ou construídos no palco de tal maneira que apenas de um lugar específico da plateia, aquele reservado para o príncipe, se tinha uma visão perfeita da cena perspética, que se deformava se o observador se colocasse em qualquer outro ponto da sala. A produção teatral, nesse caso, tinha um e apenas um consumidor.

9. Com a ressalva do "privilégio perspético" posto em prática justamente na fase áurea desse teatro, privilégio no entanto resultante não da produção do espaço teatral em si mas do modo de produção do cenário.

todos os espectadores. Como produção espacial estruturada ela permanece um fracasso mesmo assim: há nela espaços mortos, excrecências, buracos sem nenhuma ligação com a prática espacial do lugar e com o produto teatral (como os "anfiteatros" e "galerias") e que são propostos apenas como isca, como demonstração de uma "boa consciência' ("até o sem recursos pode assistir, pagando pouco") que não engana ninguém. Muito mais completa do que ela é a produção espacial dos "teatros" nobres do século XV, pois neles só se admite um tipo de pessoa, o "nobre", e desse modo a participação é a mesma para todos, não havendo "vazios" na produção (a ideologia é aqui mais coerente com a produção real do espaço: desde o início se trata de excluir certas pessoas da produção e elas nem são admitidas na sala). Os problemas aqui, no entanto, além da exclusão social que se faz da maior parte dos possíveis espectadores, é que a imensa maioria desses "teatros" não pode na verdade aparecer sob a rubrica de *produção arquitetônica teatral* ou *produção do espaço teatral* já que não passam de salas comuns de palácios e casas senhoriais mais ou menos adaptadas para a função *teatro* – e não se pode considerar a *adaptação* como um caso de produção arquitetural rigorosamente considerada: o projeto, por mais maleável que seja, deve ser específico.

Desta discussão resulta claro um ponto que é, de resto, evidente: as possibilidades de uma produção arquitetural estão na dependência direta da ideologia global que orienta o grupo social em que essa prática se insere. Neste caso, a ideologia desse grupo pode-se refletir na prática arquitetural determinando a manipulação dos espaços. É, aliás, o elo bem claro no conceito de *distribuição*, onde já se afirma que a participação dos indivíduos no produto inicial é feita de acordo com as leis sociais. E seja qual for o regime político, seja qual for a ideologia da sociedade essas leis existirão. Isso não significa, no entanto – nem remotamente – que *toda* prática arquitetural deva ser necessariamente um reflexo da ideologia social em vigor, que ela tenha de se conformar com esses valores do grupo. Em graus maiores ou menores ela pode afastar-se bastante da ideologia da sociedade em que se encontra e pode mesmo contrariá-la aberta e absolutamente. É sob este aspecto que a análise de uma prática arquitetural a partir do ângulo de uma teoria básica da produção do espaço (na verdade, um dos pontos dessa teoria) tal como foi aqui exposta, é particularmente útil: se toda produção do espaço fosse mero reflexo da ideologia social não haveria necessidade de nenhuma teoria (ideologia) da produção do espaço, bastaria ver qual é essa ideologia para ver automaticamente a ideologia correspondente dessa arquitetura[10]. Como não é esse o caso, esta análise permite verificar não só qual a ideologia de uma prática arquitetural como verificar seu grau de plenitude, de realização, i.e., verificar se se trata de uma produção que, mesmo a partir de sua ideologia, se completa, perfaz um todo orgânico ou não, em termos estritamente arquiteturais: organização do espaço e seu uso pelo homem.

Esta teoria da produção pode ser aplicada na análise de qualquer fato da prática arquitetural e urbanística, é óbvio: no projeto de uma praça pública, de um edifício público e mesmo na análise do projeto de toda uma comunidade (quando ela se desenvolve a partir de um projeto) ou de uma *situação* urbana (quando esse desenvolvimento se processa de modo mais ou menos orgânico). A verificação da *troca* possível nos lugares públicos (praças, centros comerciais e de diversões etc.), i.e., a determinação do grau de acesso efetivo e de fruição desses lugares (consumo) determina facilmente o grau de perfeição da produção espacial em questão, sua lógica e sua ideologia. Surgiriam muitas meras confirmações e mesmo muitas surpresas – como uma análise de Brasília, por exemplo.

2.3. *Semantização e dessemantização do espaço*

Como um espaço ganha ou perde significados, sentidos e significações? Como muda seu conteúdo? Há espaços não significantes?

---

10. Aliás, aquilo que se denomina sob o conceito de ideologia só adquire realmente uma plena materialidade ao intervir no espaço social, isto é, ao intervir no espaço existente ou ao criar um espaço específico. É possível mesmo indagar se a questão ideológica não se resume afinal na questão da manipulação e ocupação do espaço – e uma breve análise da história dos grupos sociais revelaria que se os conflitos ideológicos não se resumem apenas no conflito pelo espaço (exclusão de pessoas de um dado espaço, segregação num determinado espaço, reservar certos espaços para tais e tais classes, afastá-las ou reuni-las conforme o caso, privar de espaços etc.) ela é, no fundo, essencialmente isso.

Em princípio é possível encarar a questão da semantização/dessemantização do espaço sob dois ângulos distintos e fundamentais: o *discurso sobre o espaço* e a *prática do espaço*.

De início, um espaço é semantizado, recebe referências através e a partir do corpo humano. É, inquestionavelmente, a partir do corpo que se vive um espaço, que se produz um espaço – isto é, que um espaço recebe uma carga semântica qualquer. Esta é a operação mínima, necessária e indispensável para a investidura de um léxico sobre um tecido espacial. A primeira atribuição semântica a um espaço se faz assim a partir de uma *prática* do espaço. Mas em consequência do que já foi dito sobre os modos de significação do espaço é necessário bipartir o conceito de prática do espaço em dois ramos bem precisos e delimitados que no entanto frequentemente (senão sempre) se apresentam indissoluvelmente ligados na quotidianeidade: uma prática *física* do espaço e uma prática *imaginária*. Todo texto sobre o espaço ou sobre arquitetura se detém na análise (quando chegam a fazê-lo) dessa prática física, muito embora quase nunca igualmente se preocupem com determinar essa prática a partir da unidade mínima imprescindível que é o corpo humano[11]. Isso não basta, contudo, pois se o espaço mantém um relacionamento direto com o corpo do indivíduo adquirindo em consequência uma significação precisa, ele alimenta igualmente uma relação não menos direta com o imaginário desse indivíduo, através do qual esse espaço se semantiza de modo frequentemente de todo diverso do que ocorre no primeiro caso, e de modo nem sempre definido, distinto (já que neste caso a semantização se opera particularmente ao nível do subconsciente ou mesmo do inconsciente) porém não menos certo e determinável. Como no exemplo de Bachelard, um "porão" se relacionará de modo imediato com o corpo do indivíduo num nível que se pode dizer utilitarista ou funcionalista (a pessoa o perceberá como "frio", "escuro", "prático" ou mesmo "seguro") e ao mesmo tempo assumirá para esse indivíduo uma carga semântica que releva do imaginário (a sensação, nem sempre clara, de um "mundo fantástico" ou mesmo de um *mundus immundus*).

[11]. Henri Lefebvre, no entanto (que não é um arquiteto), tem noção dessa imperiosidade, embora não se detenha em sua análise. Ver *Production l'espace, op. cit.*

Saindo da poética de Bachelard, seria possível simplesmente lembrar a carga afetiva "simples" inerente a toda convivência com um espaço – uma carga inerente a toda vivência.

São os dois modos iniciais de semantização do espaço, e por certo dependem de uma ideologia e/ou produzem uma ideologia: sua significação dependerá das relações sociais nele examinadas[12] (das quais se pode secretar uma ideologia), de um lado e, do outro, da produção do indivíduo elaborada por ele isoladamente e a partir de sua relação com os demais. Obviamente essa semantização – e suas relações com essa ideologia – só pode ser isolada através da análise específica de cada momento histórico.

A partir desta primeira semantização do espaço pode ele experimentar mudanças ou acréscimos semânticos – e às vezes se colocam camadas sobre camadas de significados sobre a carga inicial. Se as simples modificações semânticas são fáceis de detectar e analisar quando se opera a partir da prática física do espaço (quando por exemplo se transforma um centenário moinho industrial em centro coletivo de lazer), as transformações ao nível da prática do imaginário e as sobressignificações atribuídas e a um espaço (a proposição de espaços sobressignificantes) são de detecção e compreensão (portanto *revelação*) mais trabalhosa, particularmente para o usuário-tipo do espaço. E os espaços sobressignificantes, que interessam aqui de modo particular, normalmente se revestem de um cunho especialmente ideológico ao adquirirem essas dotações semânticas extras através de um *discurso sobre o espaço*. É o que se pode verificar, por exemplo, na simples leitura das publicidades das companhias construtoras e corretoras de imóveis, topos privilegiados desses espaços sobressignificantes. Um apartamento (e com ele o edifício) não se esgota na semântica de um tradicional "morar", "abrigar", nem mesmo num "habitar com conforto", o que já seria uma significação segunda. Os espaços que ali se têm, ou melhor, as conotações sucessivamente empilhadas sobre a denotação inicial, tal como se empilham miseravelmente as "caixas de morar" umas sobre as outras, variam conforme a fantasia do redator e a condição do imóvel – mas se encaixam todas na mesma ideologia do consumo e do

12. Um espaço não só pode como deve ser analisado a partir das relações sociais que nele se desenvolvem, assim como estas podem ser apreendidas através de suas projeções sobre o espaço.

supérfluo com que se fascinam as massas. Assim, sobre um espaço do morar tem-se um espaço do "todo conforto", do "moderno" (ou do "clássico" – enfim, um espaço do "estilo"), do "luxo" e assim sucessivamente até os espaços mais "atmosféricos" como o da "felicidade", do "poder" etc. tudo claramente exposto e corroborado por descrições minuciosas da organização do espaço, da localização, dos materiais empregados e da parafernália de *gadgets* que se tornaram aparentemente imprescindíveis à vida moderna – e que num edifício francês recentemente inaugurado num *hameau* exclusivo do exclusivíssimo *16ème. arrondissement* parisiense vai desde um mecanismo que trava e destrava automaticamente as entradas do apartamento até um sofisticado sistema de iluminação do parque do prédio, que acende suas luzes com uma intensidade gradativa correspondente à diminuição da luz natural de tal forma que não se sente o cair da noite nem se é "chocado" com a "brutal" irrupção instantânea da luz elétrica![13] Os exemplos dessa operação de supras-semantização do espaço (ou de conotatividade sucessiva) não são poucos e não se restringem às "casas" particulares: estendem-se às ruas (Fifth Ave., New York; Via Veneto, Roma; Rue du Faubourg Saint-Honoré, Paris), às praças, a cidades inteiras e ilhas e países (visando especialmente o turismo: Saint Tropez, Majorca, os "trópicos" – assim indeterminado é ainda mais significativo – ou o "Oriente").

É óbvio, por outro lado, que a suprassemantização de um espaço iniciada por um discurso sobre esse espaço pode ser eventualmente acompanhada por um comportamento prático no mesmo sentido. É possível inclusive que todo o processo se inicie originalmente ao nível da prática de um espaço, por exemplo, quando determinada classe social passa a abandonar certos bairros e instalar-se num outro, que é a seguir suprassemantizado por um discurso sobre ele. Seja como for, a operação que efetivamente ancora essas duas semantizações e a põem em funcionamento efetivo parece ser sempre a realizada por um discurso *sobre* o espaço.

E assim como um espaço é semantizado e supersemantizado, pode ser dessemantizado. Na prática efetiva do espaço ou no discurso sobre ele? Tal como no caso anterior, o pro-

---

13. E que ocultam todo o significado real desse espaço proposto; o rendimento financeiro da operação comercial "construir".

cesso de dessemantização pode-se verificar tanto ao nível da prática efetiva do espaço (física ou imaginária) como em consequência de um discurso sobre ele. O "porão" de Bachelard foi dessemantizado na concepção das "casas" empilhadas propostas pelos edifícios modernos: tornou-se irrealizável no campo prático e perdeu sua significação para o imaginário. Um espaço pode ser igualmente dessemantizado não por "impossibilidade" (seja qual for a razão, econômica ou outra) de construção mas pelo desaparecimento da função: a partir do momento em que os fumantes (e os fabricantes de tabaco) conseguiram convencer a humanidade de que os direitos estão todos do lado deles, fumantes, e que os não fumantes devem conformar-se com um consumo passivo e obrigatório do fumo dos outros através da fumaça (ou que se mudem), o "salão de fumar" foi dessemantizado: alguns sobraram, com novas funções, a maioria simplesmente desapareceu, principalmente dos edifícios públicos, meios de transporte, restaurantes etc. – o que é sem dúvida uma lamentável perda para as sociedades. Mesmo a *cave* dos modernos edifícios franceses não deixa de ser, como resquício do porão (mas não com todas suas dimensões e funções), um exemplo de espaço dessemantizado.

Esse processo pode também ser desencadeado por um discurso sobre o espaço. Mas raramente ocorre que proponham, os discursos, diretamente essa dessemantização. Esta ocorre mais como consequência da suprassemantização de outros espaços (da qual é operação inseparável) e igualmente da suprassemantização inicial do próprio espaço agora dessemantizado. Que se pense por exemplo no fenômeno típico das grandes cidades americanas: o abandono de certas zonas da cidade por parte de seus moradores brancos ante a constatação de que os pretos estão para lá se mudando (não importando se a condição econômica dos novos moradores é igual à dos antigos). Dessemantização social e ideológica: os negros, através de um lento processo, conseguem reunir as condições econômicas para uma mudança para zonas outrora valorizadas, e quando o fazem os antigos habitantes desaparecem. Seria possível dizer: neste caso há suprassemantização para uns (os negros) e dessemantização para os outros. O que no entanto não corresponde à inteira verdade porque muitas dessas novas comunidades ressentem o processo efetivamente como de dessemantização (a valorização daquele espaço em que eles *também* inicialmente acreditaram não pode deixar de levar à constatação da desvalorização que os brancos impõem agora, razão pela qual muitos radicais negros acabam por sugerir não só a criação de zonas especificamente negras desde o início como a própria separação completa entre as raças). De igual modo, a invasão de uma zona pela indústria, pelo comércio ou por um aumento da circulação viária pode dar origem a um processo de dessemantização que pode de início não ser especificamente e intencionalmente promovido – mas dificilmente deixará de estar ligado a uma anterior ou simultânea valorização de *outros* espaços.

Surge aqui uma questão interessante: se o processo de semantização e de suprassemantização de um espaço parece indeterminado e amplo, sendo sempre possível acrescentar um novo significado a um certo espaço de tal modo que não se pode legitimamente prever seu ponto culminante, o processo de dessemantização tem um ponto máximo possível além do qual não pode prosseguir e que é o ponto onde esse espaço perde todo significado, sentido ou significação, propondo-se como um espaço vazio, não significante. Uma situação possível – é, porém, provável e real?

Numa conferência publicada pela revista italiana *Op. cit.* n. 10, Roland Barthes sugere que a cidade não é composta por elementos iguais mas por elementos fortes e elementos neutros, isto é, elementos sígnicos e elementos não sígnicos. E que se atribui uma importância cada vez maior ao significado vazio, ao lugar carente de significado – dizendo de passagem que o centro das cidades atuais é uma espécie de núcleos não duros, de "foco" vazio da imagem que a coletividade faz do centro e que é necessária para a organização do resto da cidade[14].

Que a cidade (como toda manipulação do espaço) tem elementos com variado valor de significado e significação, é absolutamente certo: esta é uma realidade praticamente ine-

---

14. Do que lança mão Zevi, em seu *Linguaggio moderno dell'architettura* para concluir apressadamente que os elementos não sígnicos são aqueles que definem a atividade arquitetural, isto é, os elementos vazios que ele identifica alucinantemente com o espaço, numa concepção absurda a mostrar que ele na verdade ignora totalmente o significado e a significação real de espaço. A noção de espaço como ausência, como buraco, ausência de construção, não pode ser própria à mente do teórico da arquitetura; insiste-se, espaço é não apenas o não construído como igualmente o construído.

lutável. Mas a afirmação de que a cidade tem elementos neutros que devem ser entendidos como elementos de significado vazio, carentes de significado, configura uma proposição não só de todo discutível como, parece, de todo impossível (e a força deste argumento deveria fazer mesmo com que a discutibilidade da proposição não fosse sequer mencionada). Esta colocação é fruto sem dúvida de uma mente habituada à análise linguística, como a de Barthes, e acostumada a tentar analisar todo aspecto da atividade humana a partir do modelo linguístico rigorosamente entendido. Se na linguagem propriamente dita é possível constatar a presença de elementos "fortes" e de elementos "neutros" (no caso destes: *de, por, e* etc., além de cada um dos fonemas *a, b, c, d...x, v, z*) não existe na linguagem arquitetural nenhum elemento que se possa dizer assemelhado a esses seja sob que aspecto for. O discurso arquitetural não é um discurso meramente formal (ou meramente artístico), o que significa que está violentamente carregado com uma pesada trama de significados vividos que torna praticamente impossível a constatação de um elemento sequer que seja "vazio". Vazio para quem, afinal? Partículas como *de, por, e*, são neutras para *todos* os manipuladores desse código – mas o código da arquitetura está longe de se apresentar como uma entidade entendida, recebida e praticada por todos da mesma forma. Em segundo lugar, o caráter de vivido é enormemente mais acentuado em códigos como o da arquitetura do que possivelmente em qualquer outro que se possa imaginar, e ao nível do vivido na cidade será sempre possível encontrar não só indivíduos como grupos a atribuir significados a elementos do tecido urbano que aparecem para outros como destituídos de qualquer significado ou sentido (outros grupos de outras partes da cidade, turistas, grupos de gerações diferentes etc.). Não é possível supor assim sob que aspecto se possa declarar um elemento urbano como vazio ou neutro: esta proposição parece, ela sim, vazia. O que se pode dizer é que esses elementos, eventualmente e no máximo, se poderiam declarar como dessemantizados (e ainda assim relativamente dessemantizados, isto é, dessemantizados em relação a algum significado mas não em relação a outro) ou, melhor ainda, em processo de dessemantização. Mas não inteiramente dessemantizados: os lugares que assim se apresentam, na economia que rege a vida das comunas de hoje, são simplesmente eliminados do tecido arquitetural para dar lugar a outros fortemente semantizados. E excluída a hipótese de que espaço vazio é elemento vazio, sem significado (pois não existe tal coisa: o espaço é construído ou não, e se não o é ele significa por oposição direta ao construído a sua volta, especialmente na cidade – mas sempre há "alguma coisa" "em cima" dele, numa linguagem grosseira, e portanto nunca é vazio) não há pois como considerar a existência de espaços neutros na cidade.

Sob esse aspecto, quando Barthes fala que o centro das cidades atuais é "vazio", ele não se distancia muito da verdade mas acaba por deixar escapá-la por falta justamente de um modelo como o aqui proposto (prática física do espaço e prática do imaginário – e não prática imaginária – do espaço). Para poder ser recebida, sua proposição deve ser encarada apenas metaforicamente.

A solução pode ser indicada através de uma indagação não sobre o que é o centro da cidade mas sobre o que *era* o centro das cidades. Esse centro era fundamentalmente o lugar do poder político, do poder econômico e do poder espiritual. Isto significava a presença física da administração (os edifícios "públicos": a prefeitura, o tribunal, a escola) a presença física da riqueza (o comércio e suas lojas) e a presença do templo. Era o lugar de onde emanava não só a vida, a animação da cidade (pois ao redor da igreja e na praça se desenrolavam atividades fundamentais como o teatro, o carnaval, as execuções dos condenados – que Foucault mostra serem verdadeiras festas[15]) como, e especialmente, a ordem, justa ou injusta, que mantinha a cidade. Uma vida e uma ordem *visíveis*.

Como estão esses centros atualmente, especialmente nas grandes cidades modernas? Não é muito exagerado dizer que, em muitos lugares, foram praticamente desertados por todos os três poderes, os três focos. O poder político se afastou, ou tende a afastar-se do centro (com a subdivisão de suas funções) e mesmo a quase se retirar para fora da cidade, em alguns casos. O comércio, particularmente o "grande" comércio, aquele com foros de "nobreza", este se afasta decididamente do centro. E o poder religioso, mesmo ainda se

---

15. M. FOUCAULT, *Surveiller et punir*. Paris, Gallimard, 1975.

mantendo fisicamente na praça, vem sendo acentuadamente desertado pelo povo, de tal forma que os atos por ele praticados não configuram mais, nem de longe, os antigos "acontecimentos". Tampouco existe mais a "vida social pública": as festas tornam-se raras ou são levadas para os recintos fechados, assim como é nestes que acontecem os teatros, cinemas etc. Sob esse ângulo, o centro da cidade se esvaziou um pouco. Mas – e este é o ponto fundamental – para os moradores da cidade continua a haver um *centro* que, mal ou bem, sob um aspecto ou outro (histórico, sentimental) ainda é sentido (vivido) como foco organizador e instaurador da cidade. Há um centro, as pessoas se orientam em relação a ele e o recebem como acentuadamente significativo apesar de todas as possíveis degradações que possa ter experimentado. E ele é assim percebido não só pelos moradores da cidade como pelos "de fora", turistas ou não. Todas as cidades, modernas ou antigas, ostentam em suas entradas rodoviárias imensos e sempre renovados cartazes com a inscrição CENTRO que leva o estranho, placa por placa, cruzamento por cruzamento, ao lugar desejado, ao lugar que ele tem de ir, quer seja dia da semana ou um feriado ou domingo onde o centro está "fechado" e morto. É fundamental que ele vá até o centro, tal como o viajante de um transatlântico quer visitar as máquinas – onde? – no "centro" do navio. Se ele não vir esse centro, do navio e da cidade, sente-se como se não os tivesse de fato conhecido, ao navio e à cidade, recebidos como algo que se lhes escapou. Mesmo que após o reconhecimento dessa localização específica seja possível ouvir declarações de desapontamento: "Mas é *isso* o centro?"

E tanto a ânsia pelo centro como o desencanto eventual diante de sua visão demonstram claramente uma coisa: por mais esvaziado que possa estar no plano físico, funcional efetivo, continua a subsistir inteiramente na prática do imaginário das pessoas, com quase a mesma carga significativa de antes. E é necessário reconhecer: embora haja cidades onde o centro é literalmente abandonado nos dias feriados, numa indicação clara de que fora de sua eventual funcionalidade e de algum eventual valor histórico ele não representa realmente muita coisa para os habitantes em termos de vivência humana (como São Paulo, New York) há mais de um caso, bem mais, onde o centro da cidade continua a ser polo aglutinador e vivo do tecido urbano. Em Paris (onde aliás Barthes tem uma de suas duas residências: ele deveria portanto sentir esse estado de coisas), o marco zero da cidade é Notre-Dame. Ora, a que momento do dia, de qualquer dia, esse lugar e a área vizinha, se vê vazia, vazia de funcionalidade, de vivência, de um significado qualquer? Quando ela "morre"? Ou, para os que colocam o centro de Paris nos Champs-Elysés: é vazia essa zona, neutra? Se for a zona da Ópera: neutra, não significante? Obviamente não.

O que se vê assim é que o centro da cidade pode ter-se diluído às vezes, pode ter sido desmembrado – mas não se neutralizou, não se "esvaziou". Processos de dessemantização por certo ocorreram e ocorrem: a dessemantização funcional, por exemplo, é quase sempre evidente. Pode igualmente ter sofrido *alguma* dessemantização, em alguns lugares particulares, na prática de seu imaginário. É mesmo possível conceder que a imagem que a coletividade se faz do centro, como quer Barthes, tenha sido assim um pouco esvaziada. Mas o centro não é, nem de longe, o lugar do vazio, um lugar não significante. Não é possível considerar assim a existência de espaços dessemantizados em grau absoluto, e muito menos propor que tais espaços sejam necessários para a organização da cidade. O tecido urbano só contém elementos fortes, elementos menos ou mais fortes, se se quiser, mas nada além disso; o espaço neutro, quando chega a existir, é imediatamente morto pela cidade e substituído (mal ou bem, por razões de especulação econômica ou não) por outro. A afirmação de que a cidade é feita por elementos fortes e vazios seria equivalente a uma que dissesse a mesma coisa do corpo humano: tem nosso corpo um centro vazio necessário para a organização do resto? A imagem é ridícula. Não há nele elementos não sígnicos (*non segnati*), todos são elementos fortes: alguns serão mais fortes (os pulmões), outros menos (as unhas) mas o neutro nele não tem lugar. Idêntica argumentação vale para a cidade. Mesmo numa cidade como Veneza alguns espaços que passam a maior parte do tempo desertos e inúteis (como igrejas abandonadas, ou a zona do Mulino Stucky ou a dos ex-Cantieri Navali, só utilizadas para ocasionais eventos culturais) não chegam nem por um momento a se transformar em elementos não significantes.

É possível afirmar que no discurso do espaço não há lugar para o carente de significado; a semiose nesse texto, o processo de formação da significação, é um processo aberto e que se desenvolve numa única direção, na direção do significativo: um espaço é semantizado, pode ser suprassemantizado eventualmente e pode degenerar num processo de dessemantização – o qual no entanto nunca atinge a quota zero – como numa assíntota. Quando isso acontece, esse espaço é retirado do tecido arquitetural, não permanece nele como elemento neutro; para que permaneça enquanto vazio, é necessário que a cidade morra com ele – e no entanto mesmo Pompeia é toda ela significativa: funcionalmente, esvaziou-se, mas a prática significativa do imaginário só morre com o interpretante do discurso arquitetural, o homem.

II. O DISCURSO ESTÉTICO DA ARQUITETURA

II. 1. *Discurso estético?*

Em princípio se diria que esses dois termos são absolutamente incompatíveis um com o outro: se se trata de um discurso, não é estético, e se é estético, não é discurso. Uma certa tradição ainda quer que o domínio do estético seja o do emocional e o do sensorial. De fato, o "choque" que sinto ao penetrar em Santa Sofia é uma experiência de início puramente ao nível dos sentidos e da emoção: estático, aquele espaço no entanto me transporta e a perambulação vagabunda por aquele lugar, sem nenhum objetivo "científico" de conhecer as coisas e registrá-las na câmera ou no caderno, é fundamentalmente uma viagem ao prazer indizível. Mesmo depois, saindo de lá, o pensamento racional não encontra com muita facilidade (ou com facilidade nenhuma) as razões daquelas sensações, o motivo de eu ter percebido de imediato (ao menos para minha particular experiência) que Santa Sofia era realmente não só única como se impunha sobre todas as outras construções do gênero existentes no Ocidente. Tudo isto é correto e ocorre a todo momento diante de um quadro, de um filme: a recepção das formas de arte dispensa a intelecção racional e é mesmo grande a tentação de declarar que o juízo é mesmo prejudicial à percepção estética. Mas – e embora não caiba aqui discutir extensamente ou demonstrar a validade deste ponto – a recepção racional da obra de arte não só é possível e existe como será mesmo fundamental para a plena percepção dessa obra, intervindo num segundo momento após os sentidos terem sido saciados. E esta abordagem racional cabe e é necessária mesmo porque é ela um instrumento fundamental do artista: o pintor renascentista joga de maneira particular com a perspectiva, proposição racional que deve ser racionalmente colocada e resolvida sob pena de perecimento da obra. O impressionista parte de uma proposição de todo racional sobre a composição da luz e da cor. Por outro lado, quantas proposições estéticas existem que são mais racionais que a do cubismo? Ou que a do concretismo de Mondrian? Seria talvez possível discutir, e longamente, sobre a irracionalidade de Pollock, mas se ele parte de uma proposição clara (fazer arte) e se domina com toda evidência uma determinada *técnica*, não cabe propor uma irracionalidade absoluta para sua produção. Existe assim de fato um discurso da obra de arte, existem mesmo vários discursos estéticos, entendendo-se o discurso como um enunciado (e uma enunciação) organizado de acordo com normas claramente fixadas e manipuladas tanto quanto possível conscientemente.

E sob esse aspecto, quando se fala da arquitetura a expressão "discurso estético" é ainda mais cabível do que nas outras artes uma vez que esse discurso é muito mais rígido, formal e racional do que o da pintura, escultura etc. As normas de como fazer arquitetura e, especialmente, de como fazer o belo em arquitetura, perfazem um código rígido ou, no máximo, vários códigos rígidos que se manifestam totalmente formalizados desde as descrições de Vitrúvio até os dias de hoje, passando por todos os variados movimentos e escolas. E são tão formalizados que não é difícil atribuir à arquitetura a etiqueta da arte mais conservadora e mesmo mais retrógrada e reacionária (no sentido específico daquilo que se opõe a uma ação) dentre todas as outras. Sem muito exagero, seria mesmo possível dizer que no chamado mundo ocidental europeu a arquitetura não mudou nada desde as matrizes gregas. Zevi, por exemplo, não hesita muito em dizer que quase toda a arquitetura ocidental depois do século XVI é uma arquitetura renascentista – e, sendo justo, não é exagero algum defender tal proposição.

Em parte, é correto atribuir essa rigidez do discurso arquitetural a um aspecto que deve estar necessariamente presente na arquitetura e que é a *funcionalidade*. Por outro lado, é óbvio que essa questão opera mais como desculpa para o imobilismo do discurso estético, e uma desculpa que não é tanto fruto da culpa exclusiva, da incompetência ou da falta de criatividade dos arquitetos como da vontade de facilitar a construção, diminuindo-se os custos e aumentando-se os lucros. Seja como for, é fácil apontar (justamente por sua forte formalização) os eixos em torno dos quais tem-se organizado o discurso estético arquitetural: *ritmo, harmonia, medida, composição*. Não há arquiteto ou teórico da arquitetura que consciente ou inconscientemente deixe de organizar seu discurso em torno desses eixos e os reconheça como absolutamente "naturais" à arquitetura. Mas muito poucos são os que, reconhecendo e defendendo esses eixos, reconhecem neles a própria definição da Renascença. Que é Renascença? É ritmo. Ou harmonia. *E* harmonia. E/ou medida. E/ou composição.

Quer dizer então que a Renascença é o mal absoluto, o inimigo a combater e destruir, o pecado original do qual a arquitetura moderna tem de livrar-se a todo custo? Essa tese, defendida mais ou menos com as mesmas palavras por muito arquiteto "revolucionário", está evidentemente mal colocada. Uma herança cultural não só não se renega impunemente como simplesmente não pode ser renegada, ponto final. A questão está em identificar uma determinada prática com uma determinada época, localizá-las, saber qual a relação que se estabeleceu entre ambas e indagar se tal modelo de prática é válido para outra época ou não. É necessário ressaltar que não se trata nem mesmo de defender a Renascença (ou qualquer outro período ou movimento) como manifestação adequada a sua época, e tampouco de propor a necessidade de modificações pela necessidade de originalidade: é preciso ter sempre em mente que a busca desesperada do novo está longe de ser uma matriz imperiosa, absoluta e constante, seja na história do mundo ocidental, seja na história de todos os povos. Se é verdade que na China, por exemplo, se deu valor àqueles pintores que de alguma forma romperam com determinados modos de expressão, propondo "estilos" novos, não é menos verdade que se atribuía idêntico valor (e às vezes mesmo maior valor) àquele que era "simplesmente" capaz de pintar tão bem quanto pintavam todos os demais. O valor de uma obra não estava na personalidade (no personalismo) e menos ainda na originalidade: residia na capacidade de enunciar uma certa mensagem. Se esta era bem dita pouco importava que o modo, a maneira de fazê-lo fosse idêntica à de tantos outros. Mesmo nas sociedades ocidentais a febre da originalidade só vai atacar o homem bem recentemente, a partir do século XVIII e, a rigor, no começo do século XX: o Tintoretto da Escola de S. Rocco em Veneza não faz muito mais que se colocar nos moldes de Michelangelo, e muito pintor romântico ou barroco é igual a tantos outros pintores barrocos ou românticos. Serão maus pintores apenas por essa razão? Não; a originalidade absoluta não era para eles um absoluto valor. Na verdade, a originalidade como meta última é frequentemente tão lamentável quanto a cópia fiel. Trata-se assim, para a arquitetura, de ser adequada a um momento e não de renegar por princípio esta ou aquela solução histórica ou praticar tais soluções como norma imperativa seja de maneira consciente ou, pior – e é o que acontece na arquitetura atual onde prevalecem as noções clássicas de ritmo, harmonia, medida e composição – de modo inconsciente.

A análise se voltará assim para esses elementos fundamentais do discurso estético da arquitetura a fim de detectar as armadilhas que estendem à prática arquitetural e as brechas que se pode produzir na ideologia de que se revestem, com a possibilidade ulterior de propor, também para o discurso estético da arquitetura, alguns eixos de oposições passíveis de orientar essa prática na direção de metas mais adequadas ao homem atual e sua prática arquitetônica.

II. 2. O ritmo

Que se pode entender por ritmo? Um conceito primeiro de ritmo, bastante difundido, é aquele que o identifica com a noção de ordem[1]. Ordem como? A Teoria da Informação propõe que a noção de ritmo deva ser entendida como baseada na repetição de um mesmo, elemento a iguais intervalos de tempo, e é sob esse aspecto que ele é entendido e praticado em arquitetura. Com que finalidade se procede a tal repetição, além de pôr uma ordem no objeto de trabalho? (Ou: que tipo de ordem se pretende obter com essa repetição?) Com a finalidade de pôr em prática três princípios muito caros ao pensamento renascentista (do qual, aliás, a própria definição de ritmo já é claro indício): princípio do equilíbrio, princípio da continuidade e princípio da passagem do todo para as partes. Com que efeito prático para o receptor da obra? P. A. Michelis faz, a respeito, uma colocação exemplar sem, no entanto, perceber o alcance e a verdadeira significação dela:

O ritmo permite-nos *adivinhar* que vai seguir-se um golpe rítmico ou uma certa série de golpes, assim como mais ou menos o efeito segue a causa. Antes portanto que o golpe se produza nós já o esperamos, e quando ele acontece segue-se em nós uma sensação muito rápida de satisfação.

O que leva Spencer a referir-se ao ritmo como sendo a "economia da atenção".

Como se pode ler essas concepções tradicionais e qual a reorientação que se pode dar à prática arquitetural a partir delas?

Antes de mais nada, está claro que essa concepção instauradora do ritmo nada mais é do que a definição do *módulo*. Módulo, conceito mágico já na Renascença e ainda hoje; a grande preocupação do arquiteto atualmente de fato parece ser a de encontrar o módulo, a partir do qual todos seus

---

[1] Ver P. A. MICHELIS, *L'esthétique de l'architecture*. Paris, 1974, p. 71. Para Michelis, trata-se inclusive de descobrir a "ordem existente objetivamente" numa coisa. Ora, não existe uma ordem objetiva, como se procurou demonstrar na discussão sobre o pensamento científico e o ideológico.

problemas parecem se revolver como por encanto[2]. O que se faz com um módulo? Repete-se-o. Na Renascença determinava-se um módulo, por exemplo, para uma janela de um palácio: a fachada seria a repetição de tantos e quantos desse módulo. Ou determinava-se que o módulo a ser reproduzido infinitamente é o composto por uma janela e uma porta, ou janela e sacada; e a própria porta é modulada, pois seria composta de tantas ou quantas "almofadas" deste ou daquele tipo[3]. Que se faz hoje num edifício moderno, num "espigão", numa "torre"? Encontrado o módulo (normalmente a janela), o edifício está em pé[4]. E o pensamento modular está de tal maneira arraigado no pensamento do espaço que parece impossível pensar de outra maneira. E àqueles que se opõem à prática modular costuma-se lembrar que toda a arquitetura sempre foi modular, desde a Grécia e passando-se pelo românico, barroco etc. Se a ausência do módulo é realmente a exceção, não é menos certo que as eventuais arquiteturas não modulares, quando se apresentam, deslumbram o homem pelas suas possibilidades: o Mummers Theater de J. Johansen[5], composto por "caixas" não repetitivas que se combinam; a própria Torre Einstein[6], de Mendelsohn, ou ainda a casa que Le Corbusier fez para Ozanfant em Paris[7]. Contudo, todos os exemplos de "não modulismo" que se possa encontrar realmente ficam soterrados diante da proliferação esmagadora do pensamento modular (a tal ponto que hoje não moramos mais em casas ou apartamentos mas sim em módulos) – mas a simples prática histórica não é argumento válido para justificar uma proposição.

Por que ser contra o módulo, contra o ritmo? Porque ele cria no homem a neurose da certeza e da tranquilidade, de que o homem tanto necessita e que ao mesmo tempo aniquila toda sua vida intelectual, de início, e posteriormente toda sua vida, em todos os sentidos. Como pode ser isso? Volte-

---

2. Necessário ressaltar, de resto, que o pensamento modular se espalha hoje por todas as áreas da atividade reflexiva e prática do homem, desde o *design* – com seus móveis modulados – até a prática semiológica, baseada na identificação das unidades mínimas e na constância de sua repetição.
3. Ilustração nº 4.
4. Ilustração nº 5.
5. Ilustração nº 6.
6. Ilustração nº 7.
7. Ilustração nº 3.

Ilustração nº 4: Exemplo de construção modulada na Renascença. A ilustração é um croquis do Palazzo Pitti, de Fillippo Brunelleschi (1440), em Florença. O projeto baseia-se na repetição ritmada de alguns poucos elementos (módulos): uma forma de janela, uma forma de arco.

Ilustração nº 5: Croquis do Anexo da Biblioteca Nacional, de H. Roux-Spitz. Normalmente apresentado como projeto típico da reação moderna à arquitetura dos excessos (a que mistura, na fachada, corbelhas de flores de gesso com colunas dóricas etc.), o trabalho de Roux-Spitz é bom exemplo na verdade da construção modulada da atualidade, baseada nos mesmos moldes dos da arquitetura renascentista: obediência aos ditames clássimos da harmonia, composição e ritmo, obtidos através da repetição de um módulo.

Ilustração nº 6: Nummers Theater, de John Johansen, em Oklahoma City (1971). Recusa da arquitetura do módulo, da repetição do igual. Também chamada de *action-architecture*, esta arquitetura é bom exemplo do processo de listagem (elenco) e reunião (*assemblage*) de pedaços, circuitos e formas variadas.

Ilustração nº 7: Casa-atelier do pintor Ozenfant em Paris, projeto por Le Corbusier (1922): ausência de módulos repetidos, de preocupação com as regras clássicas da harmonia e composição.

mos à concepção intuitiva de Michelis (intuitiva porque não baseada na Teoria da Informação); o ritmo permite *prever o que se vai oferecer aos olhos*, a esta previsão de sensação satisfaz. O ritmo portanto agrada ao homem. Mas a Teoria da Informação mostra que a previsibilidade é apenas uma das facetas de qualquer tipo de comunicação, estética ou não. A outra, necessária, é a imprevisibilidade. E o processo de comunicação se desenvolve a partir de um jogo contínuo com esses dois elementos. E por que a imprevisibilidade é imprescindível? Porque se efetivamente a sensação do conhecido (do previsível) reconforta o homem, assegura-o em suas certezas não o submetendo ao inédito (as crianças só tiram prazer de histórias que já conhecem e reclamam quando se lhes tenta contar uma história nova: já sabem o que vai acontecer, querem receber novamente aquele mesmo esquema, já gozam por antecipação o eventual castigo do malvado e a boa fortuna do herói – esse é o esquema, de resto, das histórias em quadrinhos ou das novelas, e a razão mesma de seus sucessos) a partir de um determinado momento o receptor fugirá dessa mensagem porque já a conhece – fugirá consciente ou inconscientemente. No primeiro caso, em razão, por exemplo, do desenvolvimento de suas exigências estéticas; no segundo, em virtude simplesmente da acumulação daquela mensagem em sua mente, da repetição a que ela esteve submetida e que a partir de um determinado momento "fecha" sua receptividade para aquele tipo de mensagem.

Por esta razão se joga simultaneamente com previsibilidade e imprevisibilidade: o conhecido é dado para não afastar (assustar) o receptor desde o início, ao mesmo tempo em que se o tempera com o desconhecido para evitar o afastamento do receptor para longe da mensagem[8].

É duplamente inadequado assim continuar a propor o ritmo como um dos pilares da estética arquitetural: primeiro, por se tratar essa noção de um elemento que sobreviveu a um sistema estético não mais necessariamente em vigor (o sistema renascentista); segundo, por ser inadequada a construção de uma mensagem estética baseada tão fortemente nessa noção de ritmo, de módulo, de repetição, pois a única coisa que

---

8. Ver minha *Introdução à Teoria da Informação Estética*.

se tem nesse caso é uma mensagem suicida, uma mensagem que se constrói apenas para ser posta de lado tão logo completada. É isso aliás o que se tem no cenário arquitetural de hoje: uma série de nadas que se sobrepõem num magma indiferençado.

A estética da arquitetura não pode, com toda evidência, abandonar pura e simplesmente a noção de ritmo, como alguns (Zevi, entre eles) insistem que se faça, pois *ritmo* é uma das faces da moeda: se se tirar essa face, a moeda não existe mais. Essa estética, no entanto, vai apoiar-se aqui também num eixo de opostos onde o ritmo é contrabalançado por uma noção como a de *elenco* (a outra face), proposta pelo mesmo Zevi. Que se deve entender por elenco? Pense-se na elaboração de uma fachada: o arquiteto renascentista (quer tenha vivido no século XVI ou atualmente) determinará uma forma-padrão de janela e a repetirá sem alterações em todos os andares da construção, visando conseguir o "obrigatório" efeito unitário. Se se adotar o procedimento do elenco, o trabalho do arquiteto não apenas será inteiramente diferente como bem mais árduo (assim como tornará mais complexa a construção efetiva do prédio – mas não necessariamente mais custosa) porém os resultados estarão não só à altura da época como à altura do homem (o homem deve ser o padrão das coisas, e não as coisas se colocarem como padrão para o homem): lista-se as formas possíveis e adequadas que as janelas podem eventualmente assumir nas variadas posições que ocuparão no prédio, e a seguir reúne-se essas formas numa espécie de *assemblage*. Assim, ao invés de uma sucessão de janelas retangulares que se empilham umas sobre as outras na vertical e que se sucedem monotonamente na horizontal, tem-se uma sucessão de formas diferenciadas que, quase literalmente, movimentam-se pela superfície considerada. Uma janela pode ser redonda, ou ovalada, ou triangular, ou retangular, e nada impede que uma janela redonda seja colocada ao lado de outra que compõe um retângulo na horizontal (nada a não ser a combinação estética desses elementos). O canto esquerdo do andar térreo da construção necessita de uma janela redonda: que seja redonda. O andar de cima necessita de uma janela que permita à luz entrar no aposento em toda sua extensão, mas não é necessária uma grande vidraça que se estenda de uma parede à outra: pois então se rasga uma abertura retangular de lado a lado. Que conviverá com a abertura redonda de baixo e com uma outra quadrada que, em cima da segunda, está disposta ao final de uma saliência na superfície da fachada, saliência que permite ao observador uma visão para o lado do edifício (sem ter de debruçar-se para fora de uma janela e virar o pescoço)[9]. Enfim, lista-se, elabora-se o elenco das formas utilizáveis e das funções exigidas e combinam-se esses elementos sejam quais forem. Não se trata de propor o caos total (a entropia máxima, ou desorganização máxima da mensagem, afasta o receptor tanto quanto a ordem total – previsibilidade total) pois *alguma* ordem sempre haverá: simplesmente não se escolhe a alternativa mais cômoda: a repetição de um módulo (que não apenas cansará o receptor, em termos de percepção de formas, como não será obviamente adequada às variadas necessidades que surgem dentro de uma construção).

A técnica do elenco não será aplicada por certo apenas à elaboração da fachada: todo o corpo da construção pode ser determinado por esse processo – e nesse caso nem mesmo se falará mais no corpo da construção mas sim nos corpos dessa construção). Assim, ao invés de determinar como módulo de moradia as "caixas de sapato" superpostas monotonamente em sua retangularidade, determina-se para este canto um corpo na forma de um pentágono que se combina com uma semiesfera deitada no chão à qual se superpõe uma baixa caixa retangular encimada por sua vez por um cilindro deitado[10] etc. O procedimento de listagem-combinação é inclusive, como se percebe, um dos métodos para a obtenção da temporalização do espaço: os espaços diferem, o modo de se passar do primeiro para o segundo não é o mesmo que se emprega para ir do terceiro ao quarto etc. Exemplos de procedimento por elenco são, até certo ponto, o Habitat de Montreal (1977) e o mesmo Mummers Theater de Oklahoma City (1971)[11].

O primeiro eixo do discurso estético da arquitetura não deve ser assim, ao lado da harmonia, medida e composição,

9. Ilustração nº 8.
10. Ilustração nº 9.
11. Ilustração nº 6.

o eixo do ritmo isoladamente considerado mas sim o eixo Ritmo X Elenco.

II. 3. *Um eixo estético englobante*

As noções de harmonia, medida e composição não podem ser abordadas isoladamente da noção de ritmo da qual são, na verdade, um desdobramento – de fato, a análise começou aqui com a consideração do ritmo mas podia perfeitamente ter principiado com o estudo da harmonia, por exemplo, da qual se diria que comanda as noções de ritmo e composição que dela derivam, ou então começar pela medida etc.: todas estão intimamente relacionadas e não se pode dizer que uma precede a outra, assim como na verdade não se pode dizer, a não ser talvez por razões metodológicas, que uma difere da outra. Diz-se por exemplo que o ritmo comanda os momentos de *thesis* e *arsis*, isto é, intensidade e relaxamento da atenção. Mas onde é que esses momentos ocorrem *de fato* a não ser na composição, ou na harmonia, ou na medida? Como podem ser avaliados se não for através dessas outras três noções? Quando Michelis[12] reafirma a doutrina segundo a qual os três princípios do ritmo são o princípio da continuidade, o princípio da passagem do todo às partes e o princípio do equilíbrio na verdade ele não está dizendo outra coisa senão que os princípios do ritmo são a harmonia, a composição e a medida. Como é que do todo eu passo às partes a não ser através da composição e da harmonia? Por outro lado, "equilíbrio" não é "composição", que por sua vez não é "harmonia"? A continuidade também não se mede pela harmonia etc.? O próprio Michelis, páginas adiante, acaba dizendo, sem se dar conta talvez, que harmonia é simetria, que por sua vez é a exteriorização de um equilíbrio[13]. Diz também que através dos princípios da "classificação" e da "subordinação" se estabelecem as relações entre o todo e as partes e entre as próprias partes de modo a predominar a "unidade na diversidade" que define, enfim, a harmonia[14].

12. MICHELIS, *L'esthétique de l'architecture*, p. 75.
13. Idem, p. 96.
14. Idem, p. 98.

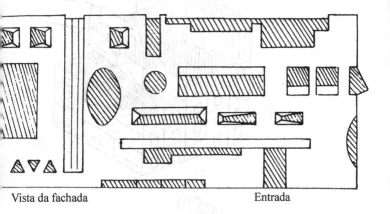

Vista da fachada — Entrada

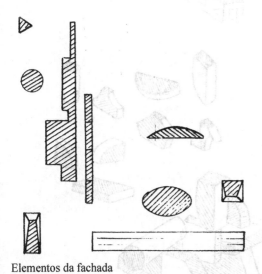

Elementos da fachada

Ilustração nº 8: Exemplo dado por Bruno Zevi para a arquitetura de elenco: ao invés de repetir um mesmo elemento previamente determinado, o arquiteto pesquisa as necessidades de cada canto do projeto (luz, ar) e propõe as formas adequadas ao cumprimento das funções requeridas, sem manter-se preso às normas da harmonia classicista.

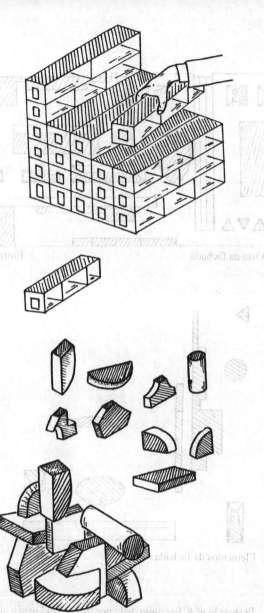

Ilustração nº 9: Exemplo ainda de B. Zevi agora referente ao processo de elenco dos volumes: não mais o empilhamento de caixas geométricas formando aquilo que se convencionou chamar de "apartamento", mas sim a livre pesquisa de volumes que se combinam em oposição às regras do "classicismo moderno".

Não há, portanto, e realmente, nenhuma razão para se falar do ritmo, da harmonia, da composição e da medida como se fossem coisas independentes: estão tão intimamente associados que na verdade não se pode identificar com efetividade aquilo que é um ou outro desses elementos. Essa estrita associação (exigida aliás pela moldura maior em que se encaixa o tipo de estética que se define por esses quatro elementos, moldura essa que é novamente a do pensamento renascentista) só pode ser cindida por razões metodológicas mas, mesmo assim, essa divisão não deve assumir a forma de quatro entidades singulares como normalmente se propõe (ritmo isoladamente, harmonia isoladamente, composição isoladamente, medida isoladamente) mas sim, se se preferir manter a distinção, a forma de eixos bipolares. Mas antes de propor um eixo de opostos referente à harmonia, vejamos como a estética tradicional da arquitetura a entende.

A noção fundamental que a estética tradicional propõe para *harmonia* é a de simetria: disposição de elementos idênticos (em forma e número) em ambos os lados criados de uma superfície separados por um eixo imaginário. Esse é o conceito mais elementar que se tem de harmonia ou, se preferir, esse é o conceito da harmonia elementar. Não se pense que esta noção (ao mesmo tempo válida para a de equilíbrio) por ser elementar não é muito utilizada ou é uma noção constante e intensamente praticada ao longo quietos ou pintores menos significativos. Não: é uma noção constante e intensamente praticada ao longo de toda a história da arte e da arquitetura. Um número considerável de telas (senão todas) da Baixa Renascença pode ser dividida ao meio no sentido vertical por um eixo imaginário, e se constata que se do lado direito existem 20 figuras humanas, do lado esquerdo haverá um número equivalente; se essas figuras formam uma seção onde predomina a cor azul, no outro lado, como se se tratasse de um espelho, se verá idêntico grupo azul; se as pessoas do lado direito estão dispostas segundo a forma de um semicírculo, a mesma configuração se constatará do outro lado. Esta harmonia, isto é, este equilíbrio baseado na ideia de repetição é apenas, como se pode ver claramente, um outro aspecto da noção de ritmo e de módulo, no qual o ritmo se baseia, e contra ela se pode levantar as mesmas objeções já feitas com relação ao ritmo: previsibilidade, monotonia etc. A ela se poderia opor o polo da dissonância, da assimetria, justificando-se com os mesmos argumentos já utilizados quando se falou no eixo geométrico/não geométrico.

Mas há uma outra maneira segundo a qual a estética tradicional julga se uma proposição é harmônica ou não. Embora reconhecendo a existência de elementos subjetivos na avaliação de algo como harmônico ou não – elementos nunca suficientemente determinados, e confundidos com o princípio da simpatia ou empatia estética (sentir *com*; fazer *um* com o objeto) formulado pela Einfühlungstheorie, essa estética acaba por matematizar esse juízo do harmônico, estabelecendo fórmulas para sua verificação que acabam por afundar as possibilidades de uma subjetividade estética sob o manto dourado (mas falso) de uma chamada objetividade harmônica.

Como se formula essa outra maneira de julgar harmônica uma proposição, em que se baseia essa pretensa objetividade harmônica? Volta-se novamente a Michelis, representante-tipo dessa estética (aliás, a única normalmente propagada):

Se estudarmos agora as obras de arquitetura reconhecidas (como harmônicas, como grandes obras) veremos que elas se inscrevem geralmente em formas geométricas cujos lados mantêm entre si a relação 1: ou 2: 3... (e) as mais famosas apresentam a relação do número de ouro, aproximadamente 3: 5[15].

Há, neste juízo-padrão, dois grandes momentos de erro que compõem a teoria da mistificação estética que vem se impondo à humanidade de geração em geração a partir da Renascença (se não a partir dos gregos). O primeiro momento é aquele em que se afirma se inscreverem as obras em formas geométricas; o segundo, que essa inscrição se faz segundo as normas do número de ouro. Isto significa considerar a existência de uma ideia-padrão inata e impressa na mente do homem segundo a qual as formas estéticas (i.e., as formas "boas") são, primeiro, aquelas que se redu-

15. MICHELIS, *op. cit.*, p. 97.

zem aos elementos da geometria e, segundo, não a qualquer tipo de elemento mas a elementos que se ordenam segundo uma proporção específica – deixando de reconhecer que essa *medida* (uma *certa* medida geométrica) surgiu apenas num segundo momento da atividade do homem – não sendo inata ou primordial – e se impôs apenas por uma questão de educação do gosto, isto é, de hábito, de conformação, de moldagem das preferências. Dever-se-ia dizer, na verdade, que a partir de um dado período (Renascimento) o homem passou a julgar estéticas (harmônicas) as formas que se apresentassem desse determinado modo, e que esse modo de julgar é apenas *um* modo, resultante de uma maneira de pensar. E, portanto, que há outras maneiras, de outras épocas, de outros lugares. Mas não: apresenta-se essa medida como se ela fosse universal, e eterna: harmônico é tudo aquilo que está na proporção áurea – sem se levar em consideração que ela foi apenas a consolidação de uma certa maneira de gostar num determinado momento. Ainda que esse modo de sentir predomine hoje, por uma questão de herança cultural, de transmissão de um modo de encarar as formas, isso naturalmente não significa que se deve considerar como harmônicas essas e somente essas formas. Muitos sucumbiram a essa ingenuidade, no entanto; Fechner[16] por exemplo tentou pôr em prática uma maneira de experimentalmente determinar o gosto estético predominante sem partir, julgava ele, de nenhuma teorização prévia. E através de uma série de testes práticos aplicados aos entrevistados, chegou à conclusão de que realmente se devia ratificar a estética do número de ouro, pois não apenas as pessoas demonstravam gostar das formas geométricas como preferiam, acima de todas, uma determinada forma geométrica, a do retângulo, e um tipo de retângulo, justamente aquele cujos lados mantinham entre si a relação do número de ouro. O "pequeno" detalhe de que Fechner, inacreditavelmente, não se deu conta era que a humanidade, no momento de suas experiências, estava há 300 anos (pelo menos) sob o império de uma lei estética, consagrada no Quinhentismo, que justamente mandava gostar de formas geométricas desta ou

---

16. G. T. FECHNER, *Vorschule der Aesthetik*, Breitkopf und Härtel, 1925.

daquela maneira formadas, e que nesse caso suas entrevistas nada mais faziam que recolher aquilo inculcado por todo um sistema de educação na mente das pessoas. Dizia que sua estética era a estética "por baixo", em oposição ao que chamava de estética "do alto", a emanada da teorização dos artistas: não sabia que a sua era ainda muito mais "do alto" do que as que julgava combater.

O próprio Michelis, é fato, rejeita as conclusões de Fechner, em parte, ao lembrar que basta o retângulo de ouro, por exemplo, apresentar-se desenhado não apoiado sobre um de seus lados menores ("assentado" sobre um plano horizontal imaginário) mas sim sobre um de seus vértices (permanecendo assim num "equilíbrio instável"[17] para que deixe de constituir-se em forma preferida. Do mesmo modo como em determinadas ocasiões se prefere o quadrado ou o triângulo etc. Mas argumenta, para repudiar as noções de Fechner, de um lado com a existência de elementos subjetivos da harmonia (nunca definidos) e do outro com proposições inteiramente vagas segundo as quais o belo, a empatia estética, o prazer estético se atualizam porque o "ritmo *diferencia* e conduz à quantidade, à extensão, e a harmonia *integra* e conduz à intensidade, ao estilo de alta qualidade que predomina em cada sistema"[18]. Antes de mais nada, o ritmo não diferencia, pelo contrário: torna tudo equivalente. Mas isto já foi comentado: o que interessa é saber como a harmonia "integra" e conduz à intensidade, que é essa integração e em que consiste essa intensidade, que é esse estilo de alta qualidade, como é obtido e porque predomina em cada sistema. Isso não é dito, nem em seu estudo nem em todos os demais que se propõem essa mesma linha de abordagem. O fato é que para Michelis, seja como for, todos os elementos de apreciação do valor estético acabam sendo mesmo dominados pelos elementos objetivos identificados fundamentalmente com a proporção áurea (*sectio aurea* para da Vinci ou mesmo *proportio divina*, para Paccioli) cujo existência encontra amparo na noção de *analogia* formulada por Aristóteles e exposta em

17. Michelis, p. 100.
18. Ilustração nº 10.

Ilustração nº 10: Segundo Fechner, o retângulo construído segundo a proporção áurea é aquele que recebe as preferências dos indivíduos. No entanto, esse mesmo retângulo colocado numa posição "instável" não gozará mais dessa preferência.

149

sua *Poética*[19]: "Entendo por relação de analogia todos os casos em que o segundo termo está para o primeiro assim como o quarto está para o terceiro..." e que encontra sua forma ótima na expressão $\frac{a}{b} = \frac{b}{a+b}$ (a/b = c/b daria apenas *similitude* de formas, enquanto o máximo de unidade se tem quando a + b = c, ocasião em que se tem a "síntese ideal dos contrastes"[20]).

Para Michelis – e este é o grande mal dessa estética tradicional, sua grande mistificação – tal demonstração matemática, "essa estrita lógica das matemáticas *coincide* com a exigência psicológica do sentimento subjetivo de harmonia" e "nos *persuade* (os grifos são meus) que a harmonia não pode resultar apenas de dois elementos" sendo necessário um terceiro, "e este terceiro elemento é o todo – a unidade dos dois – do qual estes se isolam"[21]. É necessário insistir: a lógica das matemáticas *não coincide* com a exigência psicológica (como se, coincidindo, ela viesse provar a justeza da apreciação geométrica do fato estético) e não pode nos persuadir de nada. Essa proporção (e outras mais), esse raciocínio são meras *construções*, proposições do homem, datadas e localizadas e que podem inclusive ser aceitas como inteiramente válidas – mas tanto e apenas tanto quanto qualquer outra. Não se pode fazer dela a norma única da prática da arte ou da arquitetura. Choisy (que Michelis cita e cita mal pois não avalia o alcance de sua proposição) reconhece que a Renascença (não mais, segundo ele, do que a Antiguidade ou a Idade Média) nunca aceitou o sentimento puro (a subjetividade) como o único regulador do valor estético, propondo e admitindo como guias do juízo estético as relações numéricas e o traçado geométrico[22]. É exatamente disso que se trata: uma determinada época *resolve* aceitar como guia tais e tais padrões, nada mais que isso. Trata-se de um *fato cultural* (como tal, passível de ser circunscrito, datado e localizado) e não de uma tendência inata ao homem que precise ser corroborada pela análise matemática. E que nunca foi absoluta nem mesmo na Renascença. É o mesmo

19. PARIS, *Les Belles Lettres*, 1969, p. 62.
20. A respeito, ver, como o próprio Michelis indica, a obra de M. GHYKA, *L'esthétique des proportions dans la nature et dans les arts*, Paris, Gallimard, 1927.
21. MICHELIS, *op. cit.*, p. 109.
22. CHOISY, *Histoire de l'architecture*, II p. 64.

Choisy quem reconhece que essa época não se ateve de modo único a essas relações numéricas e geométricas, continuamente retificadas, em sua própria expressão (a prática corrigindo a teoria). Por que fazer, nesse caso, desse e de outros conceitos de harmonia a regra para a prática da arquitetura (digo da arquitetura porque as artes plásticas já a abandonaram há muito tempo, há pelos menos 70 anos) e, mais, por que falar mesmo de harmonia já que parece impossível desvincular seu conceito do conceito de equilíbrio, integração entre as partes, passagem suave do todo às partes e vice-versa? Michelis teria uma resposta a esta última indagação: continua-se a falar em harmonia porque não se pode deixar a arte repousar inteiramente sobre o valor subjetivo do artista[23]. Insiste na existência de "leis" da harmonia, leis formais que o artista, "pela graça da inspiração"(!) concretiza na prática.

Por que tanto medo da liberdade de criação, por que o desespero no sentido de impor normas, estabelecer quadros fixos de onde não se pode sair? Já se sabe por que: com a conformidade geométrica se manipula melhor o gosto das pessoas e por conseguinte, simplesmente, as pessoas. Armadilha em que o artista e o arquiteto não devem cair.

O mesmo tipo de argumentação e de objeções vale numa análise dos outros dois elementos agora fundamentais da estética da arquitetura, a medida e a composição. E como eles não são, como já ressaltado, essencialmente diferentes da harmonia e do ritmo não há muita razão para nos estendermos em sua apreciação.

Fala-se na *medida estética* porque há necessidade de se julgar, avaliar – o que só pode ser feito através de uma comparação que, por sua vez, necessita de uma medida. E mais uma vez comparece o número de ouro como medida suprema, ou ainda a proposição do corpo humano como medida. Se discorresse sobre a medida com a finalidade única de transcrever as experiências já feitas pelo homem, não haveria nada a censurar, mas se pretende impor uma ou algumas noções imperativas de medida, caímos no mesmo problema de mistificação do gosto estético já abordado. Nesta última hipótese, a reflexão sobre o estético em arte

---

23. MICHELIS, *op. cit.*, p. 149.

ou arquitetura pode perfeitamente dispensar essa noção de medida, como de resto pode dispensar também as noções de composição, tais como vêm sendo repetidas, por redundantes e inadequadas. Redundantes porque "composição" é apenas outro modo de se dizer "harmonia" (ver Michelis: a composição se obtém através das "leis da classificação e da subordinação tendo em vista realizar a unidade na diversidade"[24]; quando não é isto, se diz que a composição se define por: "a) uma dialética de seus elementos com uma ideia central e desta com o resto; b) a definição de uma ideia clara; c) a originalidade da definição", o que constitui uma colocação que não especifica absolutamente nada: o que é uma ideia clara, o que é uma originalidade? etc.). Inadequada porque seus princípios são os propostos por uma época passada que não deve ser encarada como a única e obrigatória porta de saída para a humanidade. Essa época sem dúvida representou muito para todo o mundo ocidental, e sua força é inegável: basta que se olhe a nossa volta. Mas não se pode permitir que ela seja igualmente nosso túmulo, a tumba de nossa criatividade.

Deve-se então, pura e simplesmente, jogar pela amurada todas essas noções de harmonia, medida, composição? Não propriamente: continuam figurando dentro do pensamento estético, mas apenas como polos de oposição. A elas se pode (e se deve) opor a dissonância (assimetria) e a decomposição, como lembra Zevi. Ao invés de proceder de acordo com o padrão simétrico, eu desloco os elementos elencados de suas posições habituais (dissonância). Ao invés de procurar integrar todos os corpos da construção numa unidade íntegra e perfeita (composição) eu decomponho a construção numa série de corpos que se ligam, por certo, mas que não procuram formar um bloco monolítico e fechado (a decomposição). Exemplo de ambas as novas práticas se tem, mais uma vez, na Casa da Cascata[25] (Fallingwaters) de Lloyd Wright (1936-1939) e no projeto de Gropius para a Bauhaus em Dessau[26] (especialmente em relação à decomposição).

24. MICHELIS, pp. 168, 173.
25. Ilustração nº 11.
26. Ilustração nº 12.

O eixo que poderia agrupar essas oposições (e esse agrupamento se justifica na medida em que, como observado, ritmo, harmonia, medida e composição não são quatro conceitos distintos mas apenas um único conceito do qual não constituem nem verdadeiras etapas) poderia se apresentar sob a denominação *Harmonia* X *Série*. Série como, em que sentido? Série no sentido proposto por Pierre Boulez[27], um modo de pensar polivalente, uma reação ao conceito segundo o qual a forma é sempre algo que preexiste e, ainda, para o qual *uma* forma sempre preexiste (a *forma* renascentista, na acepção ampla do termo, ainda hoje é dada como algo preexistente à atividade artística). A obra harmônica é uma obra fechada, terminada, acabada, que não se pode questionar, enquanto a obra serial é uma obra aberta, um "universo em perpétua expansão" como diz Boulez. Fundamental na obra serial é o fato de propor-se ela como uma constelação (conjunto de elementos frouxamente relacionados, conforme propõe a linguística de Hjelmslev), como uma *assemblage* livre, e não como uma ordenação absoluta de constantes (isto é, de elementos que têm necessariamente de aparecer, e de um determinado modo, a fim que apareçam igualmente outros elementos determinados: na constelação, a existência de um elemento não implica a existência de outro e assim se um dado plano é dividido em dois por um eixo imaginário, o fato de ter-se tais figuras ou conformações num lado não implica que se terá as mesmas figuras no outro). E mais importante ainda é o fato de que a ideologia e a prática serial não pretendem regredir ao código gerativo primeiro (como acontece com o pensamento harmônico renascentista, para o qual trata-se sempre, ainda hoje, de retornar ao modelo original proposto no século XV e que remonta à Antiguidade) mas sim *produzir novos códigos*. Função particularmente importante pois se é fato que o artista e o arquiteto não deve preocupar-se com ser uma máquina de produzir novidades (que se transformam, normalmente, em falsas novidades) não é menos certo que sua tarefa é a de encontrar propostas que se adaptam a novas exigências humanas que são, estas, reais e indiscutíveis.

E o pensamento serial constitui um polo adequado para o eixo proposto na medida, primeiro, em que o elenco ou

27. P. BOULEZ, *Relévés d'apprenti*, Paris, Seuil, 1966.

Ilustração nº 11: "Fallingwaters" ou "Casa sobre a Cascata", de Frank Lloyd Wright, em Bear Run, Pennsilvania (1936-1939): arquitetura da qual não participa a preocupação pelo simétrico. Formas e volumes são combinados de modo anticlássico. A composição não segue as normas do geometrismo classicista, podendo-se falar assim em verdadeira *decomposição*.

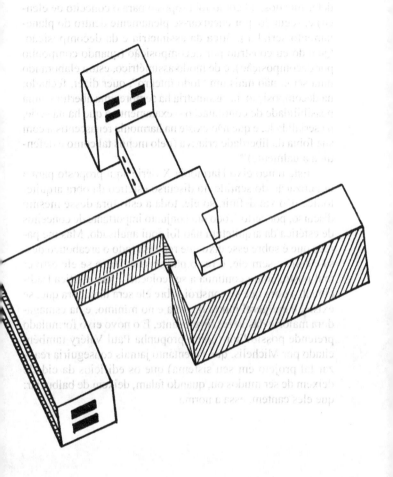

Ilustração nº 12: A Bauhaus de Dessau (1926), em que trabalharam Gropius e Mies van der Rohe. Blocos que se interpenetram, ausência de simetria clássica: *decomposição* arquitetural.

listagem não é nada mais que um procedimento *de série* (organizar numa sequência um número de elementos livremente determinados, tal como foi proposto para o conceito de elenco) e, segundo, por encaixar-se plenamente dentro do planejamento serial a prática da assimetria e da decomposição. Quando eu construo por decomposição (quando componho por decomposição), e de modo assimétrico, estou elaborando uma série, não mais um "todo íntegro", quer dizer, fechado: na decomposição, na assimetria há sempre uma abertura, uma possibilidade de continuação – exatamente o que há na série, na serialidade, e que não existe na harmonia renascentista com sua fobia da liberdade criativa (pelo menos tal como é defendida atualmente)[28].

Este único eixo Harmonia X Série aqui proposto para a organização do sentido no discurso estético da obra arquitetônica não vai definir, só ele, toda a estrutura desse mesmo discurso, por certo. Todo um conjunto importante de conceitos de estética da arquitetura não foi aqui analisado. Mas me parece que é sobre esse eixo que repousa todo o arcabouço dessa estética; sem ele, o resto não se sustenta, e se ele estiver mal posto, como continua a ser colocado pela estética tradicional, a obra que se constrói sobre ele será uma obra que, se existe, é em geral morta ou nula e no mínimo, e na esmagadora maioria das vezes, irrelevante. E o novo eixo formulado pretende possibilitar (como propunha Paul Valéry também citado por Michelis, que no entanto jamais conseguiria realizar tal projeto em seu sistema) que os edifícios da cidade deixem de ser mudos ou, quando falam, deixem de balbuciar: que eles cantem, essa a norma.

---

28. Por certo se cria, na produção serial, uma outra "harmonia" e em princípio nada impede que se continue a utilizar o mesmo termo "harmonia" para a qualificação desse outro adequamento estético – desde que ele seja despido de suas conotações tradicionais.

III. DESCONSTRUÇÃO DO SENTIDO: ANTIARQUITETURA?

III.1. *Arquitetura perecível como antiarquitetura*

Muitos defensoras de uma nebulosa e indefinida "antiarquitetura", diante dos sete eixos aqui propostos como organizadores da linguagem arquitetural, poderiam indagar se não lhes seria lícito utilizar este instrumental teórico e propor um eventual eixo Espaço Durável X Espaço Perecível que defendesse a ideia que ocasionalmente retorna a seus adeptos: a de uma arquitetura perecível, uma arquitetura transitória a opor-se à arquitetura tradicional do estável.

A tese, de início, é tentadora, e poderia ser esta: o espaço durável não apenas "destemporaliza" a arquitetura (mata-a) como impede que as formas do habitat evoluam (ou, pelo menos, se modifiquem), com isso fixando o homem num ambiente arquitetural e, consequentemente, fixando-o numa determinada condição social, psicológica, filosófica enfim[1].

[1]. O que vem primeiro, um sistema de valores, do qual decorre um sistema de organização espacial, ou uma forma espacial que possibilita determi-

Seria possível demonstrar a validade (ainda que relativa) dessa tese em alguns dos setores da prática arquitetural; vamos ficar com um deles, o da arquitetura teatral (onde esse confronto entre durabilidade e perecibilidade pode ser amplamente verificado e onde exerceu influências consideráveis e fáceis de constatar) a fim de avaliar as possíveis excelências de uma arquitetura perecível para, a seguir, considerar suas possibilidades na arquitetura comum do quotidiano.

***

Uma sala excepcional para a história do teatro é sem nenhuma dúvida o Teatro Olímpico de Vincenza, projetado por um nome particularmente importante na arquitetura renascentista, Andrea Palladio. Construído entre 1580 e 1585 (terminado quando seu autor já havia morrido, mas rigorosamente de acordo com seus planos) o teatro chegou à atualidade – embora inteiramente construído em madeira. Na época de sua construção a madeira já tinha sido abandonada há muito tempo, pelo menos para as grandes edificações como igrejas, palácios, edifícios públicos: há pelo menos quatro séculos a norma já era a pedra, no todo ou em parte. Os teatros no entanto, via de regra, continuavam a ser feitos em madeira. A razão desse procedimento não é de fácil determinação. Em toda a Idade Média os espetáculos teatrais nunca tiveram um lugar que se pudesse chamar de específico e próprio. Ou se desenrolavam no interior das igrejas e a sua volta (os "mistérios" litúrgicos iniciais) ou mesmo nas praças públicas – ou então nas salas privadas dos palácios. A transição para um lugar próprio foi gradativa, bem lenta, mesmo porque não se sentia essa necessidade: ou o espetáculo era para o grande público (e para isso bastavam as praças das cidades e as companhias itinerantes de atores com suas carroças) ou se tratava de um teatro "de elite" (usando telões pintados, maquinaria sofisticada) sustentado pelas cortes ou casas nobres locais às

nados valores, impedindo outros? Não importa muito: na situação atual, é preferível – e necessário – partir da fórmula dos construtivistas soviéticos (1920-1930), segundo os quais novas relações sociais exigem um espaço novo, devendo-se portanto propor esse espaço novo para ajudar a permitir aquelas relações.

quais se agregava – e neste caso bastavam as imensas e múltiplas salas senhorias. Há um momento, no entanto, em que mesmo sem ser aberto ao "grande público" (é sempre uma pequena elite que o consome) começam a aparecer as salas ditas públicas, levantadas como edifícios separados, e próprios. Mas não se explica bem por que essas construções, embora ainda lugar de nobres e príncipes e contando com "apoio oficial" (como a de Palladio) ainda sejam feitas em madeira: a cena do Olímpico apresentava uma cena fixa em mármore, a mesma para todas as encenações, e a madeira tinha de ser pintada para imitar essa pedra. No caso dos teatros surgidos através dos esforços de pequenas companhias, sem recursos, se entende que a madeira fosse praticamente a única solução possível. Mas nos outros ... Não reconhecimento de uma utilidade maior para o teatro, ainda encarado como mera diversão e que de fato assim se apresentava? Não merecendo portanto o empenho de fortes somas? Nem mesmo o perigo das catástrofes levava à construção em pedra: frequentemente se empregavam em cena engenhos incendiados de razoáveis proporções (dragões vomitando fogo real) ou se mostravam casas incendiando-se (realmente) em seguida a batalhas. Mas nada: tudo era recebido na dimensão do fantástico, e o espectador não costumava pensar que aquele fogo (visto mas considerado eventualmente de fantasia, pois fazia parte da fábula) pudesse atingi-lo.

Seja qual tenha sido a razão específica desse proceder, a construção de madeira foi particularmente útil para o desenvolvimento de novas concepções no teatro, foi mesmo uma de suas especiais alavancas. Isto porque uma armação em madeira, naturalmente, se desfaz e refaz senão à vontade pelo menos com muito maior liberdade de ação do que num edifício em pedra. A cena se revela pouco profunda num dado momento histórico? Aumenta-se-a, facilmente. As arquibancadas do público são muito extensas, atrapalham um espetáculo que tem de vir para a frente do palco? É fácil reduzi-las. A boca de cena é muito alta ou baixa? Isso não constitui grande problema. Embora essas alterações não sejam frequentes (podendo-se passar mais de uma dezena de anos sem a ocorrência de quaisquer modificações) são inúmeros os teatros que acabam passando por profundas reformas, ao longo de um período razoável de tempo. Algumas delas motivadas por "simples" razões técnicas decorrentes das exigências dramatúrgicas, outras em seguida a incêndios, desabamentos ou degradação do material. O Teatro Schouwburg, de Amsterdã, assim se apresentava quando de sua inauguração, em 1638: sala para o público em forma de U, com dois lances de camarotes encimados por uma galeria em forma de arquibancada; *cavea*[2] livre e uma cena situada numa extremidade da sala, sobre um elevado e com sua estrutura visível chegando até o teto (sem arco cênico, portanto). Em 1774, o novo Schouwburg é inteiramente diferente, não só na arquitetura quanto no conceito de teatro: a relação cena-espectador, que era bem mais livre no anterior (pois os espectadores da plateia não tinham onde sentar, ficando em pé e movimentando-se livremente de um lado para outro durante a encenação), agora se caracteriza pela separação, pela distância absoluta determinada particularmente por um arco cênico (outra mudança) que rebaixa o teto visível da cena; e embora os camarotes continuem, a *cavea* é agora ocupada por fileiras contínuas de madeira à guisa de "cadeiras", como numa arquibancada.

O The Royal Theatre of Drury Lane[3], Londres também tem uma história verificável. Quando de sua construção, em 1764, todo o pavimento do palco é ligeiramente inclinado, e o próprio palco se projeta sobre a plateia por uns cinco metros. Em 1696, Colley Ciber, seu diretor, amputa o palco dessa plataforma para aumentar os espaços do público, empurrando a cena para o fundo da sala e rompendo a ligação mais imediata entre cena e espectador, possível no espaço anterior. No Drury Lane de 1775, o palco volta a ser maior, porém em largura e altura especificamente, e outra mudança em 1808 vai de novo aumentar a sala: de 3, as galerias passam para 5. Em cada mudança, é todo um conceito de prática teatral que se abandona e outra que se adota: o teatro vivo.

A partir do século XIX, no entanto, as questões de segurança começam a se impor: as preocupações com os incêndios

2. Aquilo que hoje se chama *plateia*, embora o sentido deste termo fosse de início bem diferente, pois designava um lugar diante da cena, um lugar plano (*playne*) a ser ocupado, também ele, pelos atores, colocando-se os espectadores apenas *além* dessa plateia.
3. Ver ALLARDYCE NICOLL, *Lo spazio scenico*, Roma, 1971.

é constante (afinal, Londres já tinha sido atacada gravemente pelo fogo pelo menos em duas ocasiões). Para o teatro, chega-se a impor o uso de uma cortina metálica que separaria o palco da sala. Mas como sustentar uma cortina dessa espécie sem um arco cênico sólido? E o arco cênico, que tinha aparecido e desaparecido várias vezes, e de vários modos, vem para ficar. Por longo tempo. A separação entre cena e sala é então definitiva e, como mostra A. Nicoll, o teatro entra numa fase de *estabilidade*, em mais de um sentido: fixa-se, e vai começar a se libertar de novo praticamente apenas a partir da terceira década do século XX.

O exemplo da arquitetura do teatro é, como se vê, particularmente eloquente: uma função, a função teatro, se modificou e modificou seu espaço – porque este espaço era modificável facilmente, ela se modificou; fato possível talvez em virtude de uma certa anomia na história da arquitetura, isto é, a construção em madeira quando a regra já era a pedra, o definitivo.

É fácil perceber onde se quer chegar com esse raciocínio: que se poderia fazer com a função *habitar* se seu espaço fosse tão maleável assim? A ideia é que essa função, como todas as outras, não só muda como deve mudar através da história do homem. E para tanto o material nem precisaria ser necessariamente perecível: o fornecimento de "paredes" internas facilmente removíveis e modificáveis seria um começo – mas para a antiarquitetura isso não basta, os limites exteriores sempre permaneceriam fixos. E como o homem não vê necessidade de mudar algo que ainda está firme, sólido, sem uma perecibilidade total do espaço a tendência para a ausência de mutações tenderia a manter-se.

O sólido, o pesado, o eterno, argumenta-se, eram compreensíveis numa época em que a tecnologia não permitia outra solução: as construções em pedra, depois em ferro e concreto armado foram ao mesmo tempo a melhor e praticamente as únicas possíveis e viáveis sob o aspecto segurança, abrigo, economia. Atualmente, no entanto, uma variedade de novos materiais poderiam perfeitamente substituir os antigos: são tão resistentes quanto eles – e são perecíveis, quer porque se acabam mais rapidamente, quer porque podem ser "jogados fora" sem muito prejuízo (ou sem prejuízo algum, se se pensasse nas despesas de conservação necessária para as construções tradicionais a partir de um dado tempo). A casa descartável? Por que não? Muitos projetos já existem a respeito, essa ideia não seria em absoluto uma *archit-fiction*!

De fato, muitas das objeções à arquitetura perecível são de ordem econômica não defensável. O espaço durável em arquitetura é, ainda, privilegiado na verdade não por seus méritos eventuais intrínsecos mas pelo fato de que se transformou em objeto de propriedade e de propriedade lucrativa: "investir em pedra", sonho (até hoje) sem idade histórica e sem fronteiras. E que deixaria de ser possível (ou seria bem diminuído em suas proporções e consequências) quando a "casa" só tiver seu real *valor de uso*, e não um valor de troca e de perpetuação frequentemente mantido de modo artificial. A casa descartável ao contrário do que acontece hoje com a casa durável, não seria a única coisa a se valorizar continuamente enquanto se desvaloriza sempre todo o resto, a começar do papel-moeda e da força de trabalho, limitada pela idade e sufocada pelo maquinismo e pela acentuada reprodução da espécie.

Uma outra objeção que se poderia levantar a esse tipo de antiarquitetura não seria, de fato, difícil de superar: a de que a prática do espaço perecível é prática consumista a querer se propor justamente quando a humanidade está atenta para os excessos do consumo e quando os indivíduos começam a reagir contra a ordem quase irretorquível de consumir cada vez mais. Na verdade, tudo dependeria do sistema socioeconômico em que essa prática se inserisse. No sistema atual, dificilmente ela deixaria de fato de constituir em real alavanca do consumo; mas num sistema que deixasse de lado a corrida à acumulação de bens, a ostentação, a troca entre quantidades desiguais de trabalho e dinheiro, a sede do supérfluo, o espaço descartável seria uma simples necessidade como outra qualquer. Ninguém precisa de um guarda-roupa com 100 vestidos, 20 pares de sapatos. Mas tampouco pode alguém viver sempre com um único jogo de roupa, não só porque esta acaba chegando ao fim como porque a mudança pela mudança é necessária – pelo menos ao fim de um certo tempo, quando a anterior já tiver sido devidamente utilizada.

Poderiam dizer também, contra essa "antiarquitetura", que talvez fosse mais simples mudar *de* casa – mas seria necessário mudar todo mundo de casa, e essas verdadeiras transmigrações humanas parecem pouco factíveis. Em princípio, mais fácil seria realmente trocar *a* casa, substituí-la por outra quando a primeira se consumiu. E este consumo da casa por certo evitaria outro aspecto sórdido do habitat moderno: a "degradação social" da casa. Um edifício começa abrigando determinada classe social; dez anos mais tarde, em média, já se degradou o suficiente para afastar os antigos moradores e se oferecer a uma classe mais baixa; outro tanto, no máximo, e já se chega quase ao fim da escala social. Mas nesta altura a construção é um verdadeiro monturo (embora ainda em pé) indigno para a vida humana mas pelo qual ainda se cobram quantias injustificavelmente altas sejam quais forem seus montantes. Uma casa que realmente pereça não poderia ser recuperada. Por certo se dirá que uma modificação social que acabe com as diferenças de classe acabaria com esse problema. Sem dúvida. Mas, novamente, o que vem primeiro: novas relações sociais ou novos espaços? Na dúvida, caberia realmente a indagação "antiarquitetural": por que não fazer uma coisa e outra ou, se impossível, pelo menos uma delas, a mais fácil – e a casa perecível seria a mais fácil.

Sob o ponto de vista psicológico, o espaço perecível também poderia ser defensável. Se parece inadmissível, atualmente, que alguém mude constantemente de espaço ambiental a ponto de desenraizar-se tanto que seu equilíbrio psíquico seja rompido (e a necessidade de *algum* enraizamento parece evidente) por outro lado não se pode justificar que alguém passe toda uma vida num único espaço, ou em dois ou três apenas (e é enorme o número de pessoas que não chegam realmente a ultrapassar esse índice): a monotonia, a repetição fecha-lhe não só os horizontes físicos como, e isto é mais grave, seus horizontes "espirituais". Se se quisesse levar a sério a temporalização do espaço, a hipótese do espaço perecível não poderia realmente ser descartada.

A argumentação exposta até aqui é em princípio aceitável, e chama a atenção para um aspecto realmente importante da organização e uso do espaço. Mas não parece que se deva aceitá-la inteiramente e, a partir daí, propor a perecibilidade do espaço como norma operacional de preferência. Há algumas objeções que não se descartam tão facilmente. Uma delas diz respeito ao problema da consciência histórica dos grupos sociais. O "jogar fora", o "não conservar" equivaleria a uma verdadeira operação de desenraizamento histórico. O que seria o mundo sem os museus, e sem as bibliotecas – sem as pirâmides, Versalhes, o castelo sforzesco, o castelo de Sant'Angelo? Não apenas insuportável como possivelmente inviável: assim como é somente a partir de um livro anterior que se escreve um novo livro, da visão de um quadro antigo que se faz um novo quadro, da mesma forma a arquitetura passada é o ponto de apoio para a nova arquitetura.

Por certo existe em relação à conservação e consumo turístico dos monumentos arquitetônicos uma série de profundos mal-entendidos e distorções que não se consegue eliminar. Quando se visita uma pirâmide, por exemplo, costuma-se admirar o gênio de um povo, de uma época; fica-se extasiado diante da beleza ou da capacidade técnica. E esquece-se normalmente que na verdade uma pirâmide, ou o Partenon, ou o Coliseu, não nos dá exatamente a medida da genialidade de um povo, nem o retrato de uma época – pelo menos, não diretamente, como se pensa. São no máximo indícios da prática de uma pequena classe social. Onde está a arquitetura dos sem-história? Onde está a arquitetura dos sem-arquitetura? A arquitetura egípcia que se vê hoje não era a arquitetura do *povo* egípcio, assim como a arquitetura grega que se estuda não é a arquitetura do povo grego da época. Da arquitetura desse povo nada ficou – talvez até nem merecesse ficar, mas de qualquer forma uma pirâmide não é a história desse povo. É, sim, uma história, mas ao contrário: percorrendo-se uma pirâmide se pode sentir que espécie de vida levaram os 100.000 homens consumidos (na total acepção do termo) na sua edificação. De fato, todos os monumentos arquitetônicos considerados normalmente como expressões mais altas do humano podem ser, de fato, isso mesmo – mas são também resultados e manifestações, indícios claros da opressão do homem pelo homem. Todos: qual a exceção?

Isso não significa que devam ser destruídos, esta seria uma ideia inadmissível; devem ser conservados – desde que se ressalte o aspecto negativo de que se revestem. Mas não só estas edificações: também aquelas que caracterizam os sem-história, os sem-arquitetura. Talvez assim, entre outras coisas, um dia se preenchesse essa monstruosa lacuna na história da arquitetura: a análise da arquitetura comum, do homem comum. Na História, até recentemente um relato e análise das ideias e feitos de alguns indivíduos "notáveis", já se traçam as linhas de definição dos grupos humanos que antes só apareciam, nos textos eruditos, como sombras difusas, pano de fundo para a ação de alguns poucos indivíduos. Na História da Arquitetura só se veem as "grandes obras", os "grandes nomes". E o resto? Pode-se dizer: permanece apenas aquilo que é excepcional, o notável, o bom. Mas mesmo que seja realmente "o bom", ele nunca será adequadamente entendido se o outro, "o mau", não o for igualmente.

Sob este aspecto, a descartabilidade do espaço não deveria ser praticada. Hoje já se consome e põe de lado muita coisa, e coisa importante para a memória do homem: não há nenhuma necessidade de que também a memória arquitetural do homem se perca. Ao contrário, a vida humana (do indivíduo e do grupo) está baseada na recuperação e intelecção do passado.

Há ainda uma outra grande objeção à perecibilidade dos espaços: o próprio desenvolvimento tecnológico permite atualmente mudar integralmente um espaço, na sua essência mesma, sem nada jogar fora, sem se arrasar estruturas, sem demolições e novas construções. Voltando ao exemplo da arquitetura teatral: atualmente não é mais necessário reformar, cortar, pôr abaixo – basta o uso de máquinas e técnicas sofisticadas. Em Limoges, um novo teatro construído em 1963 tem um mecanismo que faz abaixar todo o teto (40 toneladas) de modo a esconder duas galerias, reduzir de um terço a capacidade de público e com isso permitir formas específicas de representação, com um contato mais direto entre cena e espectador do que quando o teto está levantado. Em Aalborg, um outro teatro tem paredes corrediças (pesando 70 toneladas) de modo a aumentar ou diminuir a extensão de uma das salas: uma peça mais "intimista", e fecham-se as paredes; se grandes espaços são requeridos, são abertas – mas o teatro permanece o mesmo em seu conjunto geral. Com uma utilização bem menor dos mecanismos, o teatro da Universidade de Miami (1950) possui uma sala que rapidamente se transforma em 5 tipos básicos de palco e de relação cena-espectador, criando-se desde um *skené* segundo os moldes clássicos gregos até um teatro de arena com a cena totalmente cercada pelos espectadores, passando por uma cena elisabetana e um palco tradicional com o arco de proscênio. Esta perspectiva criada pela multiutilização de uma mesma estrutura básica, anterior às manifestações dos atuais "antiarquitetos", vai na verdade muito além da proposta pelo espaço perecível; é, mesmo, mais revolucionária; e mais econômica, mais prática, mais útil socialmente.

Com efeito, um suposto eixo Espaço Durável X Espaço Perecível pode ser reduzido aos casos de manipulação do Espaço Interior nos termos em que já se falou mais atrás: proposição de divisões móveis, maior possibilidade de arranjos etc. O espaço perecível não parece ser algo que a humanidade atualmente se pode permitir, ainda mais se se constata que os modos de ocupação do território (inevitáveis, pelo menos em algumas regiões de elevada densidade demográfica como na Europa) exigem o edifício de vários andares, para os quais o espaço perecível é praticamente impossível, quando mais não seja, sob o aspecto econômico. Mesmo porque a grande mudança espacial para o indivíduo seria realmente a mudança de lugar, da qual a perecibilidade do espaço seria um *ersatz*. A simples modificabilidade do espaço interno também, sem dúvida; mas surge como mais conveniente à escala do homem atual.

A relação espaço durável/espaço perecível vale talvez como exercício teórico: chama a atenção para uma série de contradições e mal-entendidos referentes ao espaço durável, praticamente não questionados. Mas sua transformação num eixo autônomo do discurso arquitetural equivaleria a pôr em prática mais uma dessas falsas revoluções, tão frequentes, fáceis e comprometedoras na história da arquitetura.

III. 2. *Arquitetura não racional, arquitetura irracional, arquitetura radical*

A LINHA RETA É ÍMPIA. Para Friedrich Hundertwasser, essa é uma certeza absoluta e inquestionável. E ele é duro, veemente: os proponentes e defensores da linha reta, da arquitetura racional não diferem em nada de carrascos e torturadores: são os Torquemadas sutis da civilização industrial. Hundertwasser vai direto à fonte, e à fonte certa: a desgraça do homem moderno, da arquitetura moderna começa com Adolf Loos. Sim, Loos, o puritano Loos, o opositor do liberalismo formal da *art nouveau*, o inspirador de Le Corbusier e, por conseguinte, de Niemeyer e de quase tudo aquilo que se pratica hoje em arquitetura. Para Hundertwasser, não há dúvida alguma: Loos deveria ter substituído o ornamento estéril (como era o do movimento secessionista, ao qual se opunha) não pela linha reta mas pela vegetação viva. Mas Loos apostou no igual, no plano e no liso – e a linha reta é justamente a única linha não criativa. Hundertwasser parece mesmo exagerar, mas sua análise é nada mais que precisa: a linha reta trabalha pela perdição da humanidade. Ele não consegue prever como será o fim do mundo, mas já consegue sentir um antegosto desse apocalipse:

Em cada habitáculo de New York há de dez a vinte psiquiatras. As clínicas estão lotadas de loucos que nelas não se podem curar, porque também as clínicas foram construídas conforme Loos.

Análise exagerada? Nem um pouco. Antes, uma severa crítica aos psiquiatras que, na ânsia de mergulhar no mundo interno do paciente, esquecem-se de seu mundo externo, que o condiciona, e desconhecem o que é arquitetura, o que é uma arquitetura humanamente positiva ou negativa.

As doenças dos homens internados nos HLM[4] estéreis prosperam na mortal uniformidade. Eles se fazem feridas, úlceras, câncer e mortes estranhas. A reconvalescença é impossível nessas construções.

4. *Habitations à loyer modéré*: grandes conjuntos residenciais de aluguel médio, geralmente situados nas zonas afastadas dos subúrbios das grandes cidades europeias. A palavra "internados" é forte – mas corresponderia à realidade? Pelo menos sob um aspecto essas pessoas estão realmente isoladas: afastam-se, por força, da grande cidade, onde geralmente trabalham mas da qual não usufruem, em seu lazer, pois estão a quilômetros dela. Criam-se assim, junto a esse conjuntos, centros artificiais para tentar satisfazer essas pessoas – na maioria das vezes, inutilmente.

Apesar da psiquiatria e da previdência social. Nas cidades-dormitórios[5] registra-se um número cada vez maior de suicídios e um número infinito de tentativas de suicídio. São as mulheres que não podem sair de casa durante o dia, como os homens. Podemos ficar falando durante horas e horas sobre a miséria que começou com Loos.

Exagero? Vejamos:

O niilismo dos internados exprime-se no declínio da vontade de trabalhar, no declínio da produtividade. Tenho certeza que os psiquiatras e a estatística me dão razão. Pois também a aflição pode ser expressa em cifras em dinheiro. O prejuízo que a construção racional causa é incomparavelmente mais elevado que sua aparente economia. Essa é a prova de que os edifícios racionais tornam-se criminosos se os deixarmos em seu estado atual. Não sou tão contrário assim à produção em série. INFELIZMENTE AINDA PRECISAMOS DELA. Mas deixar as coisas fabricadas em série no estado em que as recebemos é demonstrar a própria captividade e aceitar ser escravo.

Sua lucidez é perfeita, não há em seus propósitos traços de um romantismo desesperado ou de um revolucionismo infantil.

Ajudem-me a anular as leis criminosas que oprimem a liberdade de construir criativamente. Os homens nem mesmo sabem que têm todo o direito de modelar suas roupas e suas habitações, interna e externamente, conforme seus gostos. Um arquiteto único ou único mandante não pode carregar a responsabilidade por todo um bloco de casas, nem mesmo por um único prédio onde habitam várias famílias. Esta responsabilidade deve ser reconhecida a cada habitante, quer seja arquiteto ou não.

A seguir, um pouco de anarquismo, sem dúvida. Mas não muito:

TODAS AS LEIS DE SERVIÇOS URBANOS, QUE PROÍBEM OU IMPEDEM AS TRANSFORMAÇÕES INDIVIDUAIS DA CASA DEVEM SER ANULADAS. CONSTITUI MESMO UM DEVER DO ESTADO APOIAR E AJUDAR FINANCEIRAMENTE CADA CIDADÃO QUE DESEJA PROMOVER MUDANÇAS INDIVIDUAIS NO EXTERIOR OU INTERIOR DE SEU APARTAMENTO.

Mas esse problema ideal é logo trazido à terra, para reconforto dos que pensam nas normas de segurança social.

5. Justamente, esses HLM e seus centros pré-fabricados.

O homem tem direito à própria pele arquitetural[6]. Com uma única condição: as vizinhanças e a estabilidade da casa daquele que promove as transformações não devem sofrer transformações. Mas, para isso existem os técnicos que sabem calcular tudo tão bem. Não apenas o proprietário do apartamento MAS TAMBÉM O LOCATÁRIO DEVE TER A POSSIBILIDADE DE MUDAR TODA A ARQUITETURA. E o estado anterior da casa não deve ser restabelecido a menos que o locatário seguinte não esteja de acordo com as transformações da habitação. Mas é quase certo que as mudanças arquitetônicas, que de todo modo tendem para o humano, serão bem vindas ao próximo locatário.

Uma advertência grave:

SE A LEI SOBRE A MODIFICAÇÃO INDIVIDUAL DAS CONSTRUÇÕES não for retificada, a psicose de prisão dos internados (nesses prédios) irá aumentando até um final horrível. Para isso há diversas soluções:

1\. O BOICOTE

Recusamos utilizar essas jaulas de escravos.

Recusamos entrar nelas.

Se formos convidados à casa de amigos ou a ir à polícia e essas casas forem uma caixa estéril, corremos ao telefone mais próximo e rogamos a essas pessoas que venham para fora.

2\. A TRANSFORMAÇÃO ARQUITETÔNICA PELO VISITANTE

Demonstrei isso pessoalmente, pela primeira vez, num alojamento para estudantes.

Entremos numa jaula de escravos apenas se pudermos modificar sua arquitetura.

Quem é o responsável por esse estado de coisas?

OS ARQUITETOS COVARDES, MARIONETES NAS MÃOS DE PROMOTORES DE VENDA INESCRUPULOSOS.

Em todo caso, aqueles que fogem, se revoltam ou se suicidam são privilegiados. Todos os que não têm esses meios de escapar per-

---

6. McLuhan já não demonstrou que a casa é uma extensão da pele? Neste caso, este direito deve alinhar-se realmente entre os mais sagrados do homem.

dem suas almas, sua humanidade, seus bens mais preciosos e, do mesmo modo, todas as outras coisas[7].

Trata-se, aqui, de um dos manifestos mais lúcidos e mais apaixonados da história da arquitetura. Outros já discorreram sobre os males da arquitetura contemporânea: Hundertwasser nos faz *viver* essa situação; muitos já insinuaram reformas sensatas: Hundertwasser nos *grita* as soluções óbvias, possíveis e imediatas. Sua declaração deveria ser entregue a todo estudante de arquitetura que entra na universidade. E no momento de graduar-se deveria lê-lo novamente, pois possivelmente o ensinamento recebido nesse tempo teria apagado esses princípios de sua mente. E em todo momento de sua atividade profissional essa declaração deveria impor-se constantemente em seus projetos.

Idealismo? Romantismo? Coisa de artista? Nada disso: Hundertwasser é nada mais que lúcido, e nada visionário. Não prega revoluções impossíveis (leia-se: economicamente impossíveis). Apenas mudar aqui e ali essas caixas estéreis a que chamam "apartamento" já seria um começo, um bom começo. Em 1973, Hundertwasser planta uma série de árvores grandes nas janelas de um edifício de apartamentos na Via Manzoni, em Milão: loucura, impossível? Por quê? Que critérios nos ordenam a respeitar a fachada agressiva e morta, de concreto ou de ignóbeis pastilhas anônimas? Só o medo. O medo à criatividade. Um medo que o espírito neorrenascentista nos incutiu (isso quando a Renascença foi, *ela*, um movimento e um momento de intensa criação). Um medo que temos de nos libertar e que não atinge a Hundertwasser enquanto mostra que também na arquitetura a imaginação deve ter voo absolutamente livre. Se as condições econômicas permitem, Hundertwasser tem projetos mais completos, mais radicais: uma casa cujo teto está inteiramente coberto por um gramado, de fácil acesso a homens e animais que sobre ele andam livremente (construída na Austrália). Ou a casa "fenda de olho": implantada numa elevação, é praticamente uma casa subterrânea, encimada por árvores – a natureza não é ferida. Ou a "casa-fosso": à semelhança de antigas habitações orientais construídas nas paredes de grandes fossos cavados no chão, a casa-fosso é construída num enorme buraco ajardinado. Não atraem? Ele tem outros projetos: a casa

7. Extraído do catálogo da exposição de Hundertwasser no Museu de Arte Moderna da Cidade de Paris, maio-julho de 1975.

dos prados elevados, um edifício piramidal com patamares que se estreitam à medida que se aproximam do "cume" e que formam tetos (para os apartamentos inferiores) cobertos com grama, árvores e mesmo mato onde se pode até soltar animais. Mas não só as casas se modificam: os postos de gasolina ficam ocultos em bosques, as próprias autoestradas não rasgam (no sentido pleno da palavra) mais os campos, assolando-os com suas faixas estéreis, mas ficam completamente camufladas pela terra e pelas árvores. Por toda parte, nos projetos de Hundertwasser, os tetos, paredes e superfícies se transformam em florestas: para o artista, uma boa arquitetura é a que se vê o menos possível. Existe outro princípio mais revolucionário na história da arquitetura ocidental, onde desde a Renascença (passando pelo Barroco, *art nouveau* etc.) o problema fundamental é o de *ser vista* (o problema da fachada) e não o de ser vivida (uma enorme contradição para a prática arquitetural, transformada em monumental exercício de pintura, de comunicação visual ao ar livre)? Nem mesmo o Gótico escapa do rótulo "arquitetura de fachada", e nem os romanos, tampouco os gregos. Por certo alguns poucos nomes, em alguns poucos de seus projetos, praticaram algo do gênero proposto por Hundertwasser: mais uma vez, por exemplo, que se pense em Lloyd Wright, com suas casas que são traços horizontais quase a se confundirem com o meio ambiente (mas não o Lloyd Wright do Guggenheim Museum). Mas nenhum tem talvez a força criativa e a audácia libertária de Hundertwasser, um artista que passou para a arquitetura, mas que não esqueceu sua própria origem ao encarar a arquitetura como sendo essencialmente uma arte (não esquecendo, ao mesmo tempo, que a arquitetura em suas origens sempre esteve ligada à arte e que os primeiros arquitetos sempre foram, inicialmente e acima de tudo, artistas).

Diante da teoria e da prática de Hundertwasser, as demais "antiarquiteturas" que grassam por aí não passam realmente de brincadeiras inconsequentes que frequentemente não provocam nem mesmo o riso e que são quase sempre inadmissíveis porque socialmente prejudiciais ou, no mínimo, inúteis. Que faz por exemplo a chamada "arquitetura irracional", com seus edifícios de fachada que descola (Richmond, EUA) ou suas fachadas que desabam numa cascata imóvel de tijolos (em Houston, EUA)? Nada mais são que proposições *kitsch* que se inserem totalmente na chamada arquitetura de fachada, uma arquitetura para ser vista unicamente e nada mais, uma falsa arquitetura, um grande painel visual, uma arquitetura publicitária – e mentirosa, gratuita. Chamar *isso* de antiarquitetura é por certo excesso de pretensão: não chega nem mesmo a ser arquitetura!... Como também nada são os movimentos de "arquitetura radical" que proliferam na Europa e EUA (sob nomes de ficção científica levados a sério por seus adeptos, o que piora ainda mais a situação: Ufo, Libidarch, Archizoom, 9999 etc.) e que se propõem projetos de uma arquitetura culturalmente impossível onde não interessaria mais o produto acabado mas sim as relações com as pessoas. Que o produto acabado deixe de ser o objetivo supremo do arquiteto, muito bem: mas qual a alternativa proposta? A que esses grupos propõem não tem sentido algum, são verdadeiras e monstruosas brincadeiras de criança. Em Milão, recentemente, desenvolveu-se um desses projetos da arquitetura radical: um grupo de pessoas promovem ações insólitas. Um se amarra fortemente a uma cadeira, um outro enfia braços e pernas numa espécie de comprida meia furada, um terceiro cobre o rosto com uma máscara: ação de uma suposta vanguarda artística numa bienal de arte qualquer? Não, dizem eles, arquitetura radical em processo estudando o uso do corpo. Em New York, na mostra "New Domestic Landscape"[8], um grupo de *radicals* italianos (eles gostam de intitular a si mesmos em inglês) montaram seu *stand*: uma sala inteiramente vazia preenchida apenas pela gravação de uma voz de menina repetindo, numa cantilena: "bonito, este ambiente, a gente se sente muito bem aqui, que bonita sala grande" etc. etc. Numa outra mostra haverá, numa sala, apenas uma porta que marcará o limite entre luz e sombra num ambiente neutro.

Arquitetura? Antiarquitetura? Não, andaram se enganando de exposição. Ou inconsequência. Outros adeptos da "arquitetura radical" são mais "sérios": não expõem nada porque nada constroem, o que lhes interessa é apenas estabelecer um projeto – que fica como simples ideia, não concretizada. Tudo isso envolto numa suposta capa teórica que se pretende revolunária: "O fim último da arquitetura é a eliminação da própria arquitetura". Ou: "A vanguarda (a arquitetura entre elas) tem por função a destruição técnica da cultura". Frases vazias e

8. *L'Espresso*, Milão, 2º número de setembro de 1975.

inconsequentes, mostrando enorme confusão de ideias: obviamente, os "radicais" querem opor-se à arquitetura tradicional, essa arquitetura supostamente racional, manipulada por técnicos da construção peritos no método de construir mais rapidamente com o máximo de lucros possível – sem nenhuma consideração pelo ocupante da construção. Até aí, tudo bem; e opondo-se a essa arquitetura técnica querem lembrar que a base da arquitetura é a arte. Ótimo. Mas em seu movimento de revolta (e não de revolução) vão longe demais e esquecem-se que arquitetura não é apenas arte e não pode seguir os caminhos desta de modo absoluto. "A arte pode eventualmente tornar-se apenas uma arte conceitual, isto é, uma arte que alguém *imagina* em sua mente, sem concretizá-la e dando-se por satisfeito com isso, numa atitude inteiramente legítima que ninguém contestará. Mas a arquitetura só existe enquanto construção efetiva, não como conceito. As pessoas precisam de um lugar para habitar, onde se proteger, onde se esconder se for o caso. Deixar de considerar esta finalidade última da arquitetura (que em absoluto visa destruir uma cultura, mas apenas ajudá-la a corrigir-se, a encaminhar-se a seus fins mais elevados) é praticar um desrespeito em relação aos grupos sociais, à cidade, à sociedade, àqueles homens, mais particularmente, que por suas condições educacionais e econômicas necessitam absolutamente do arquiteto. Assim como é um desrespeito à sociedade participar do Projeto de Reforma do Moinho Stucky de Veneza com propostas desse tipo de "vanguarda": em 1975, no quadro da Bienal de Veneza, pensou-se em abrir uma espécie de concurso para o reaproveitamento da enorme estrutura do moinho Stucky, construção feita à beira do canal da Giudecca em 1895 (projeto final) agora desocupada e inativa e que a municipalidade pensou em reaproveitar para entregar aos cidadãos como área de lazer e cultura. Chamam-se os arquitetos e os artistas – que se revelam um bando de marginais da arquitetura e da cultura que nada mais fizeram do que desacreditar ainda mais tanto a arte como a arquitetura modernas aos olhos do leigo. Que lhes pediu um lugar humano. Quais foram suas respostas? Deixar o lugar ser tomado pela vegetação (a participação desse "arquiteto" resumia-se na apresentação de um desenho do enorme edifício tomado pelo mato). Uma estrutura vacilante em equilíbrio precário colocada em cima da antena do moinho, e que ficaria oscilando conforme o número de pessoas que estivessem em seu bojo (desenhos e fotomontagens). Um terceiro sugere cortar toda a fachada do moinho e deitá-la na água do canal, à frente do edifício, enquanto o lugar da antiga fachada seria ocupado por uma queda d'água: com isso haveria uma troca de papéis entre o meio ambiente e a construção. Um quarto argumenta que o papel do arquiteto (e de uma arquitetura íntegra) não é reformar edifícios que foram originalmente propostos para uma certa finalidade, que essa operação é contrária aos propostos da arquitetura, e que portanto ele não faria nada, projeto algum. Outro propõe que se transportasse o moinho Stucky para o lugar do palácio dos Doges e este para o lugar do moinho. Outro, considerando-se sem dúvida extremamente vanguardeiro, ocupa seu espaço na mostra com fotografias de Veneza às quais foram superpostas imagens de grupos de chineses: seu trabalho se intitula "A invasão de Veneza pelos chineses", ou algo do gênero, e veem-se chineses em poses heroicas junto à catedral de São Marcos, colhendo arroz nos canais, sobre as pontes, arando o campo diante da estação etc. É preciso recordar: tratava-se de uma exposição de projetos para o reaproveitamento do moinho Stucky, com finalidades sociais.

Que dizer não dessa antiarquitetura (como alguns pomposamente rotulam sua prática) mas sim dessa miséria da arquitetura? Nem rir deles não é possível: esses "arquitetos" e "artistas" assumiram uma posição nitidamente antissocial, tornaram-se marginais da arquitetura e da sociedade e só podem merecer realmente o desprezo desse corpo social. Como realmente os repudiaram a esmagadora maioria do público, da imprensa especializada italiana e, especialmente, de maneira aberta, clara e fundamentada, os *funcionários* da própria bienal que lamentaram a covardia da organização da mostra ao deixarem de recusar as brincadeiras onanistas propostas. Pelo menos esses funcionários, que imprimiram sua revolta em cartazes espalhados por toda a cidade de Veneza, tiveram a coragem de manifestar-se pública e vigorosamente contra a empulhação das vanguardas, até aqui aceitas incondicionalmente (pelo menos na aparência) por medo de se assumir contra elas uma posição que muito facilmente seria taxada de reacionária ou, pelo menos, de conservadora. No entanto, já está mais do que chegada realmente a hora de, sustentando vigorosamente as vanguardas legítimas (como mola essencial do desenvolvimento da atividade humana), denunciar abertamente as "vanguardas" da aparência, as "vanguardas fáceis", as "vanguardas" da incapacidade, do antissocial, da verdadeira imbecilidade. As "vanguardas" que, estas sim, são o legítimo foco da reação, do conservadorismo, do *status quo*, compostas (tal como já se disse a respeito dos *radicais* italianos) nada mais que por burguesinhos desesperados à cata de um álibi pessoal.

Estas, e a "arquitetura irracional" dos edifícios-catástrofes ou a "arquitetura radical", não são antiarquitetura: não são coisa alguma. São, se se preferir, produtos de comunicação (ou incomunicação) visual de pessoas que se enganaram de profissão. E de forma alguma constituem uma vanguarda do pensamento da arquitetura, que só pode ser definida através das propostas de um Hundertwasser e daquelas outras que podem ser encaixadas dentro daquilo que Zevi chamou de "azeramento" arquitetural: um retorno às funções primitivas da arquitetura em sua condição de integração perfeita entre o construído e o natural, entre o homem e o meio ambiente da natureza, entre a cidade e o território (a *urbatetura*), e que não receia, para formular suas propostas, buscar inspiração nas aldeias primitivas dos Malis da África Ocidental, ou nas aldeias neolíticas da Rodésia, ou nas cidades medievais (todos estes exemplos de arquitetura orgânica, em íntimo contato com a natureza e com as necessidades básicas naturais do homem) ou ainda mesmo nos próprios elementos da natureza puramente considerada, como as dunas a partir de cujos modelos Mendelsohn trabalhou.

Esta pode ser chamada, se quiserem, antiarquitetura. Mas para que esta denominação não se perca, ela também, entre as fórmulas mágicas e mistificadoras das vanguardas vazias é necessário ressaltar que por antiarquitetura nada mais se deve entender que uma reação à arquitetura contemporânea naquilo que ela tem de proposta visual (ao invés de uma proposta do *construir* efetivo), de uniformidade massificante, de monotonia batizada de racionalismo (a linha reta), de repetição, de asfixia do comportamento humano, de luta contra a natureza, de submissão dos interesses humanos aos interesses da economia, do lucro. Por antiarquitetura se deve entender nada mais (e já é muito) que um trabalho de *ressemantização* das funções e elementos da arquitetura: estes foram perdidos, ficaram esquecidos no meio da transformação produzida pelo chamado progresso industrial e trata-se assim não propriamente de dar-lhes novos significados mas, simplesmente, de devolver-lhes, de repor-lhes os significados originais: abrigo, proteção, conforto, construção para o desenvolvimento das potencialidades humanas em harmonia necessária com o meio ambiente (agora sufocado pelo homem, que com isso sufoca a si mesmo), integração com o mundo.

Os eixos aqui discutidos (com seus pares de opostos a chamar a atenção para o elemento atualmente não praticado) apresentam-se justamente como os elementos organizadores dessa nova linguagem, dessa linguagem ressemantizada (dessa antiarquitetura se quiserem) que nada mais propõe além do abandono dos balbucios e grunhidos não significativos emitidos por "arquitetos" comerciais e "antiarquitetos", substituídos que podem ser assim, esses sons horríveis, por um discurso ao mesmo tempo lógico e poético (e nada mais adequado à arquitetura do que o conceito de poesia, pois *poesia* e *construção*, recorde-se, eram designadas por um único e mesmo termo na antiguidade grega, foco central da arquitetura ocidental) ou, mais simplesmente, um discurso humano. Exigir essa linguagem consciente e livremente criativa é exigir o respeito ao direito à arquitetura, idêntico ao direito à própria pele.

BIBLIOGRAFIA

ADORNO, T. W. *Théorie esthétique*. Paris, Klincksieck, 1974.
ALTHUSSER, L. "Idéologies et appareils idéologiques d'état" in *La Pensée*. Paris, junho de 1970.
ARISTÓTELES. *Poétique*. Paris, Les Belles Lettres, 1969.
BACHELARD, Gaston. *La poétique de l'espace*. Paris, PUF, 1974.
_____. *La formation de l'esprit scientifique*. Paris, J. Vrin Ed., 1975.
BANHAM, Reyner. *Teoria e projeto na primeira era da máquina*. São Paulo, Perspectiva, 1976.
BEAUDRILLARD, J. *O sistema dos objetos*. São Paulo, Perspectiva, 1973.
BERENSON, Benhard. *The Italian Painters of Renaissance*. Glascow, Fontana-Collins, 1975.
BLUNT, Anthony. *Théorie des arts en Italie de 1450 à 1600*. Paris, Gallimard/Arts, 1966.
BOUDON, Philippe. *Sur l'espace architecturale*. Paris, P. Dunod, 1971.
BOULEZ, P. *Relevés d'apprenti*. Paris, Seuil, 1966.
COELHO NETTO, J. T. *Introdução à teoria da informação estética*. Petrópolis, Vozes, 1974.
CORBUSIER, Le. *Quand les cathédrales étaient blanches*. Paris, Médiations, 1971.
DUFRENNE, Mikel. *Art et politique*. Paris, 10/18, 1974.
_____. *Phénoménologie de l'expérience esthétique*. Paris, PUF, 1967.
ECO, Umberto. *A estrutura ausente*. São Paulo, Perspectiva, 1971.

_____. *As formas do conteúdo*. São Paulo, Perspectiva, 1974.
_____. *Trattato di semiótica générale*. Milão, Bompiani, 1975.
FOCILLON, H. *La vie des formes*. Paris, 1943.
FREUD, S. *Totem et tabou*. Paris, Payot, 1975.
_____. *Essais de psychanalyse appliquée*. Paris, Gallimard/Idées.
_____. *Introduction à la psychanalyse*. Paris, Payot.
FERRAN, A. *Philosophie de la composition architecturale*. Paris, 1955.
GOLDMANN, L. *Structures mentales et création culturalle*. Paris, 10/18, 1974.
HADJINICOLAOU, Nicos. *Histoire de l'art et lutte des classes*. Paris, Maspero, 1975.
HALL, E. T. *La dimension cachée*. Paris, Seuil, 1971.
HJELMSLEV, Louis. *Prolégomènes à une théorie du langage*. Paris, Minuit, 1971. (Edição brasileira em 1975 pela Perspectiva, São Paulo).
HOCKE, G. R. *Maneirismo: o mundo como labirinto*. São Paulo, Perspectiva, 1974.
KOFMAN, Sarah. *L'enfance de l'art*. Paris, Payot, 1975.
LEFEBVRE, Henri. *La production de l'espace*. Paris, Anthropos, 1974.
LYOTARD, J. F. *Dérive à partir de Marx et Freud*. Paris, 10/18, 1973.
MARNÂT, Marcel. *Michelange*. Paris, Gallimard/Idées. 1974.
MICHELIS, P. A. *L'esthétique de l'architecture*. Paris, Klinck-sieck, 1974.
NICOLL, Alardyce. *Lo spazio cênico*. Roma, Bulzoni, 1971.
PEIRCE, Ch. S. *Collected Papers of Ch. S. Peirce*. The Belknap Press of Harvard Univ. Press, 1962.
SARTRE, J. P. *L'imaginaire*, Paris, Gallimard/Idées, 1971.
SCALVINI, M. L. *L'architectura come semiótica connotativa*. Milão, Bompiani, 1975.
VITRUVIO. *Les dix livres d'architecture*. Paris, 1965.
WRIGHT, Frank Lloyd. *A Testament*. New York, Horizon Press, 1957.
WORRINGER, W. *L'art gotique*. Paris, Gallimard-Idées/Arts, 1967.
ZAHAR, M. *Auguste Perret*. Paris, 1959.
ZEVI, Bruno. *Il linguaggio moderno dell'architectura*. Torino, Einaudi, 1973.
_____. *Architectura e storiografia*. Torino, Einaudi, 1974.

ARQUITETURA NA PERSPECTIVA

Quadro da Arquitetura no Brasil
    Nestor Goulart Reis Filho (D018)
Bauhaus: Novarquitetura
    Walter Gropius (D047)
Morada Paulista
    Luís Saia (D063)
A Arte na Era da Máquina
    Maxwell Fry (D071)
Cozinhas, Etc.
    Carlos A. C. Lemos (D094)
Vila Rica
    Sylvio de Vasconcellos (D100)
Território da Arquitetura
    Vittorio Gregotti (D111)
Teoria e Projeto na Primeira Era da Máquina
    Reyner Banham (D113)
Arquitetura, Industrialização e Desenvolvimento
    Paulo J. V. Bruna (D135)
A Construção do Sentido na Arquitetura
    J. Teixeira Coelho Netto (D144)
Arquitetura Italiana em São Paulo
    Anita Salmoni e Emma Debenedetti (D173)
A Cidade e o Arquiteto
    Leonardo Benevolo (D190)
Conversas com Gaudí
    Cesar Martinell Brunet (D307)
Por Uma Arquitetura
    Le Corbusier (E027)

Espaço da Arquitetura
 Evaldo Coutinho (E059)
Arquitetura Pós-Industrial
 Raffaele Raja (E118)
A Casa Subjetiva
 Ludmila de Lima Brandão (E181)
Arquitetura e Judaísmo: Mendelsohn
 Bruno Zevi (E187)
A Casa de Adão no Paraíso
 Joseph Rykwert (E189)
Pós-Brasília: Rumos da Arquitetura Brasileira
 Maria Alice J. Bastos (E190)
A Idéia de Cidade
 Joseph Rykwert (E234)
Interior da História
 Marina Waisman (E308)
O Culto Moderno dos Monumentos
 Alois Riegl (EL64)
Espaço (Meta)Vernacular na Cidade Contemporânea
 Marisa Barda (K26)
Arquitetura Contemporânea no Brasil
 Yves Bruand (LSC)
Brasil: Arquiteturas Após 1950
 Maria Alice Junqueira Bastos e Ruth Verde Zein (LSC)
A Coluna Dançante: Sobre a Ordem na Arquitetura
 Joseph Rykwert (LSC)
História da Arquitetura Moderna
 Leonardo Benevolo (LSC)

Este livro foi impresso em Cotia,
nas oficinas da Meta Brasil,
para a Editora Perspectiva.